精准扶贫中国方案与西盟实践

施 红　西盟县脱贫攻坚课题组◎编著

经济日报出版社

图书在版编目（CIP）数据

精准扶贫中国方案与西盟实践 / 施红，西盟县脱贫攻坚课题组编著. — 北京：经济日报出版社，2019.8

ISBN 978－7－5196－0482－0

Ⅰ. ①精… Ⅱ. ①施… ②西… Ⅲ. ①扶贫－研究－西盟佤族自治县 Ⅳ. ①F127.744

中国版本图书馆 CIP 数据核字（2019）第 125221 号

精准扶贫中国方案与西盟实践

作　　者	施　红　西盟县脱贫攻坚课题组
责任编辑	陈　悦
出版发行	经济日报出版社
社　　址	北京市西城区白纸坊东街 2 号 A 座综合楼 710
邮政编码	100054
电　　话	010－63567684（总编室）
	010－63538621　63567692（发行部）
网　　址	www.edpbook.com.cn
E－mail	edpbook@sina.com
印　　刷	北京鑫瑞兴印刷有限公司
开　　本	710×1000 毫米　1/16
印　　张	13
字　　数	155 千字
版　　次	2019 年 8 月第一版
印　　次	2019 年 8 月第一次印刷
书　　号	ISBN 978－7－5196－0482－0
定　　价	42.00 元

决不落下一个贫困群众

说到西盟县，一定有几件绕不开的事：第一件事，西盟县到1949年时，仍处于原始社会末期。共产党解放西盟县后，于1956年，在西盟县各族各界政治协商会议上正式通过《西盟县直接过渡社会主义的决定》，直接从原始社会末期过渡到社会主义社会，结束了3000多年的原始社会形态。第二件事，1951年元旦，西盟县的佤族头人拉勐受到中央邀请，到北京参加国庆观礼。回去以后，在当时普洱县的红场，代表普洱的26个民族，用佤族礼喝咒水、镖牛，发誓世世代代跟着共产党。1951年2月，回到西盟县后，拉勐和其他赴京参加国庆观礼的民族代表及中央边疆民族访问团，在西盟县佛殿山举行了“阿佤山区各民族团结保家卫国大会”，当地头人和民族群众3000多人参加大会。在会上，每一个参会的人用手中的一块石头垒起了一座塔，表示跟着共产党海枯石烂不变心，形成了“民族团结盟誓塔”。如今，听党话跟党走的拉勐精神仍在西盟县大地上传扬，成为边疆团结稳定的重要精神力量。第三件事，1965年一首《阿佤人民唱新歌》在西盟县诞生，“共产党怎么说，阿佤人民怎么做。跟着共产党，阿佤人民唱新歌”，唱遍了祖国大江南北，影响了几代人。每天西盟县城市的上空，都会奏响这首歌曲，成为西盟县人民日常生活中不可欠缺的一部分。第四件事，西盟县过去的县城勐卡镇由于地质原因，常年受地质灾害影响。在党中央和国务院关怀下，西盟县于2000年正式搬迁至新县城勐梭镇。经过十多年的建设，特别是十八大以来，西盟县城市建设进入了快车道。按照习近平总书记“记得住乡愁”要求，坚持把民族文化、生态环保与现代城市紧密结合，提出“为民建城、与民共享”，打造出了一座极富民族文化特色的现代化边境美丽小城，成为全国山地小城镇建设的典范，树立了良好的国门形象。第五件事，就是当前的脱贫攻坚。经过努力，有望结束西盟县延续了3000多年的贫困状态，让佤族和各少数民族过上好日子，同全国人民一道步入小康社会。这一宏伟工程正在轰轰烈烈进行中……西盟县70年的发展，跨越了3000年，是中国共产党领导下边疆少数民族地区发展的最生动写照。

70年来，西盟县人民一心向党、始终不渝。究其原因，是党的全心全意为人民服务的宗旨一直没有变，党的民族政策符合边疆和民族地区发展实际，让少数民族地区人民群众切切实实感受到了，跟着共产党，生活越来越好。70年来，一拨又一拨的共产党人践行党的宗旨，扎根边疆，为扶贫工作付出了艰辛的努力。十八大以来，消除绝对贫困的工作进入了最后的攻坚阶段，扶贫力度空前加大，社会主义集中力量办大事的优越性，让扶贫工作得到持续推进，资金、资源、人力都向贫困地区汇集，贫困地区在短短的几年内发生了惊人的变化，群众与党的关系更加紧密，听党话跟党走的信心和决心更加坚定，边疆日趋繁荣稳定，党的执政基础得到进一步夯实，治理能力得到进一步提升。

作为一名贫困县的县委书记，我在西盟县工作已有八个年头。算上在另一个边境县江城县担任负责扶贫工作的县委副书记（挂职），从事扶贫工作已有九个年头，深感其中的不易。我国幅员辽阔，因此贫困的原因和呈现的状态有很大的差别。比如西盟，自然气候条件优越、生态环境优美，但由于地处偏远，这里曾经几乎与世隔绝，社会发育程度低。新中国成立后，使西盟从原始社会末期一步跨越到了社会主义社会。经过多年的发展，虽有了翻天覆地的变化，但由于基础较差，发展仍然较为滞后。西盟的贫困，属于典型的素质型贫困。解决素质型贫困，既要修路架桥，缩小与外界物理上的距离，加强与外界的沟通交流，也要发展产业，提升群众对于资源的利用能力，提高可持续发展的能力；更要加强教育，增强群众自我发展的信心，阻断贫困的代际传递，真正过上现代文明生活。记得几年前去村寨调研时，看到村庄仍然有破旧的房屋，群众的收入仍不高，群众对脱贫信心不足，当时的心情非常沉重。但随着调研的深入，看到群众对改善生活的愿望是强烈的，其中有许多人愿意通过自己的努力摆脱贫困，这些都是村庄脱贫的“希望的种子”。“决不落下一个群众”，这是党中央交给的重大政治任务，也是向群众立下的铮铮誓言。这几年西盟通过脱贫攻坚工作，农村发生了革命性的变化，我们更加坚信，只要我们按照中央要求，辅之以精准措施，就会生根开花，结出丰硕成果，就会带动更多的群众走出贫困，走向更美好的生活。

消除贫困，这铿锵有力的四个字，体现的是中国共产党前所未有的自信和攻坚拔寨的决心。这既是中国共产党向世界做出的庄严承诺，也是中国共产党的历史担当，更是在中国共产党领导下，中国走向繁荣富强的有力象征。精准扶贫，是新时代中国共产党消除绝对贫困的最优方案，既解决了贫困问题，也解决了发展的问题。在世界各国都为减贫而努力的大背景下，在中国广袤农村进行的这场脱贫攻坚战，为世界各国输出了中国智慧和中国方案。西盟县是全国592个贫困县之一，和其他贫困县一样，正在党中央和各级党委政府领导下，为脱贫摘帽而努力着。希望用这本书，记录下中国方案的具体实践，为各地的脱贫工作提供参考样本。

脱贫攻坚拉开了中国乡村振兴宏大篇章的序幕，自己能够身处其中，能够在祖国南疆守护国土，为红色老区的人民谋幸福，是生命中不可遇的大事，我深感荣幸，也备感责任在肩。深深感谢中央党校施红老师，与她和课题组多次的探讨和研究，让我对如火如荼的脱贫攻坚工作一次次反思，并共同把这些实践过程付诸文字，进行了理论研究和归纳总结。深深感谢多年来一起并肩作战的同志们，我们一起经风雨、同忧乐，共同倾注了全部的心血，融入了全部的情感，西盟乡村发生了让所有人为之自豪的巨大变化。深深感谢西盟的乡亲们，是你们给予我智慧和力量，无时不在鞭策、激励和感动着我，你们迸发出的乐观自信，为脱贫攻坚焕发出最磅礴的力量。

决不落下一个贫困群众、全面消除绝对贫困一定会如期实现，胜利就在前方！

奋斗者永不懈怠！祝愿伟大祖国繁荣昌盛、人民幸福安康！

杨宇

2018 年 10 月 1 日初稿于西盟县

2019 年 4 月 17 日修改于西盟县

序 言

消除贫困是全人类的共同目标。改革开放40年来，中国已经成为世界上减贫人口最多的国家，也是世界上率先完成联合国千年发展目标的国家，使7亿多人摆脱了贫困，对世界减贫的贡献率超过70%。这个成就，足以载入人类社会发展史册。其中，“十二五”时期特别是党的十八大以来，我国扶贫攻坚的成效尤为显著，交出了一份令世人惊叹的“中国答卷”。国际社会对于我国扶贫模式的经验给予了高度评价。世界银行行长沃尔芬森2004年在全球扶贫大会上指出：“虽然我们还无法保证让每个国家都取得像中国这样的扶贫成就，但我们至少可以尽可能学习这些优秀的扶贫经验并在全球将其推而广之。”中国扶贫开发经验为发展中国家减贫提供了可以借鉴的经验，是中国为解决人类贫困问题贡献的中国智慧和中国方案。

目前精准扶贫进入决胜期。中国的贫困人口主要分布在老、少、边、穷地区。云南省是我国贫困县最多、贫困程度最深、贫困面最大的省份之一，云南省脱贫攻坚对全国脱贫攻坚工作意义重大。云南省委省政府认真学习习近平总书记关于精准扶贫的重要论述，贯彻五级书记抓扶贫，从省、市、县到乡村全面推动精准扶贫。在云南省委省政府、普洱市委市政府领导下，西盟精准扶贫取得突出成绩。云南省西盟佤族自治县是国家扶贫开发工作重点县，同时是少数民族自治县、革命老区县、典型的民族直过县、地处边境一线的边疆县、民族跨境而居的特殊县。西盟佤族自治县委县政府高度重视脱贫攻坚，坚持把脱贫攻坚作为第一民生工程，聚焦精准，着力精准，切实把脱贫攻坚工作抓在手里、想在心上、干在实处，举全县之力打赢脱贫攻坚战，确保与全国人民一道步入小康社会。2019 年 4 月，经州市审核，省级核查和第三方实地评估检查，西盟佤族自治县已达到贫困县退出标准，拟退出贫困县序列。西盟佤族自治县精准扶贫精准脱贫的实践既是结合当地实际不断创新推动精准扶贫的典型扶贫案例，更是中国精准扶贫实践的一个缩影。

西盟佤族自治县成立于 1965 年，是全国仅有的两个佤族自治县之一。与缅甸隔河相望，全县总面积 1353.57 平方公里，辖 2 乡 5 镇、36 个村民委员会 3 个社区、367 个村民小组，国境线长 89.33 公里。全县总人口 94346 人，其中农业人口 73684 人，占总人口的 70%。县内居住着佤族、拉祜族和傣族等少数民族，少数民族人口占总人口的 94.4%，其中佤族占总人口的 71.3%。世居的佤族、拉祜族的社会形态，是由原始社会末期、奴隶社会初期直接过渡到社会主义社会。新中国成立初期，西盟佤族自治县被确立为直过区，通过大力发展生产，组织互助合作途径，实现了从原始社会末期、奴隶社会初期的经济社会形态直接过渡到社会主义社会的千年跨越。1954 年创办第一所学校，1958 年废除猎人头祭谷的旧习俗，是“佤族人民唱新歌”的地方。2017 年，全县实现生产总值 13.57 亿元，地方一般公共预算收入 7777 万元，城镇、农村常住居民人均可支配收入 23093 元和 9111 元。

作为一个典型的民族直过县、地处边境一线的边疆县、国家扶贫开发工作重点县、民族跨境而居的特殊县，西盟佤族自治县在扶贫开发中遇到了很多困难。劳动者素质偏低，西盟佤族自治县 1954 年才开办小学，1959 年才建初中，1972 年始招高中，2016 年全县人均受教育年限仅 6.91 年，现有劳动者中普遍缺乏一技之长，“不会致富”“不会发展”成为主要短板；基础设施建设滞后，乡村道路硬化、通生产生活用电、通广播电视、村村通宽带、通安全饮用自来水以及农村亮化工程、村寨排污系统建设、垃圾处理、入户路硬化等设施都十分滞后；支柱产业发展滞后，有的乡镇缺乏支撑贫困人口持久稳定增收的产业，很多乡镇支柱产业没有做到村村覆盖、户户受益；社会事业发展滞后，农村医疗卫生事业滞后，有的村没有标准的卫生室，执业医生水平低；农村公共文化活动场所建设滞后，没有实现每一个村民小组都有一间文化室和一个标准篮球场，已经建设的场所管理差，使用效率不高；农村教育发展不均衡，学前教育严重滞后；生产生活方式转变困难，大部分群众放不下“吊脚楼、热火塘”和“楼下牛铃响”的情节，对新农村新生活不适应，存在不愿意住新房子的人群；农村封建迷信思想严重，存在有病不就医而要做鬼等现象；粗泛经营、广种薄收的耕作方式依然突出。

西盟佤族自治县干部直面扶贫开发中难题，以创新担当扛起脱贫重任。针对破解群众脱贫内生动力不足和农村组织化水平低难题，西盟县创新性提出因地制宜建“组织”，即在村两委的领导下，以村民小组为单位，成立脱贫工作委员会。云南省西盟佤族自治县按照“扶贫先扶志、扶贫必扶智”的工作思路，以“村民小组脱贫工作委员会”为载体，突出“六强化、六起来”，积极探索脱贫攻坚与基层党建、乡村治理有效融合，帮扶贫困群众精神与物质“双脱贫、双摘帽”。在破解产业发展薄弱、群众持续增收难问题中，提出产业扶贫“六覆盖”，突出基础设施全覆盖、产业项目全覆盖、龙头企业带动全覆盖、利益联结全覆盖、技术培训全覆盖，助力贫困群众持续增收，脱贫不返贫。针对干部群众素质不高问题，西盟佤族自治县提出，在脱贫攻坚的新战场，党员干部不仅是组织者、推动者，更是战斗员、主力军，应通过干部素质提升，带动群众素质提升。从“学习、调研、干事、考核、督查”入手，着力打造一支佤山铁军，向“贫困”发起“总攻”。针对安居扶贫贫困群众基本生活困境、“大水漫灌”粗放式扶贫、扶贫力量“碎片化”问题、“新房旧貌”问题、“只伸手，不动手”的“等靠要”思想，以及工程建设时间紧、任务重、筹资难的问题，西盟县提出“精准安居”工程建设“六个破解”工作法。西盟贯彻党中央和省委省政府、市委市政府的部署，通过不懈努力，西盟佤族自治县发生了翻天覆地的变化。

我们选择把西盟精准扶贫作为精准扶贫样本进行分析，是因为她的典型性。西盟是非常特殊的地区，是典型的民族直过地区、多民族地区、山区、边界地区，不仅发展基础比较薄弱，而且还是素质贫困区。研究西盟这样的地区精准扶贫精准脱贫实践，体现西盟作为样本的参考借鉴意义显著，同时，像西盟这样的地区能够脱贫，说明中国的其他地方通过努力也能实现精准脱贫，体现西盟对于精准扶贫中国方案和中国智慧的代表性，也彰显了精准扶贫中国智慧和中国方案的科学性和普适性。

本书通过对西盟佤族自治县精准扶贫实践的研究，进一步阐释精准扶贫思想，总结归纳精准扶贫中国智慧中国方案。本书写作逻辑是从理论、实践、再上升到理论。从全书看，从精准扶贫理论开始，到西盟精准扶贫实践，并结合西盟实践提升到精准扶贫中国方案；在西盟精准扶贫实践部分，按照面临问题、实践做法、经验启示及理论思考来展开进行写作。从理论分析到实践做法，进而提出精准扶贫中国方案，这是本书要着力研究的内容。因此，本书的框架是，首先深入研究精准扶贫思想和政策措施（第一章到第三章），其次，详细梳理西盟佤族自治县扶贫的实践（第四章到第六章），最后从西盟佤族自治县扶贫实践进一步看精准扶贫的中国智慧中国方案（第七章）。

习近平总书记在 2013 年 11 月对湖南湘西进行考察时，提出精准扶贫，强调扶贫要看真贫、扶真贫、真扶贫、实事求是、因地制宜。精准扶贫思想极大地完善了中国特色反贫困理论，精准扶贫的新理论、新实践也为全球减少贫困提供了中国范例。中央制定了精准扶贫精准脱贫的顶层设计，地方在落实中要结合当地实际，开拓创新。在精准扶贫中西盟结合当地县情进行了大量体制机制创新。通过精准扶贫理论研究和对西盟精准扶贫实践调研，本书将精准扶贫中国方案归纳为：第一，坚持和加强党对扶贫工作的领导。精准扶贫的巨大成就离不开党的领导，精准扶贫必须要加强党的领导，发挥政治优势，落实责任。2013 年 2 月，习近平总书记视察甘肃时指出：“贫困地区党委政府要把精力放在扶贫开发上。”我国坚持五级书记抓精准扶贫，在党的领导下，形成了中央统筹、省负总责、市县抓落实的工作机制，层层落实脱贫攻坚责任，为打赢脱贫攻坚战建立了体制机制，提供了制度保障。第二，发挥群众主体作用。贫困群众既是脱贫攻坚的对象，更是脱贫致富的主体，贫困群众的积极参与才是精准扶贫成功的关键。第三，精准扶贫重在精准。精准扶贫的核心理念是以精准化思维提高扶贫减贫效率，实现精准扶贫精准脱贫。习近平总书记指出：“精准扶贫就是要对扶贫对象实行精细化管理，对扶贫资源实行精确化配置，对扶贫对象实行精准化扶持，确保扶贫资源真正用在扶贫对象身上、真正用在贫困地区”。第四，注重发挥政府和市场“两只手”作用。在精准扶贫中既要发挥政府作用，又要发挥市场作用。比如在产业扶贫中，政府进行了产业规划，但最终产业发展要靠市场的力量。第五，全社会力量广泛参与——大扶贫格局。精准扶贫需要依靠人民的力量，需要充分调动各方积极性，汇集多方力量打赢脱贫攻坚战。在脱贫攻坚的过程中，要坚持一切为了人民，一切依靠人民。第六、精准扶贫促进国家治理体系和治理能力现代化。精准扶贫精准脱贫的制度建设丰富和完善了中国国家治理体系，推进了国家治理体系和治理能力现代化。

通过地处边疆的直过民族和全国人民一起全面建成小康社会的实践，进一步彰显我国作为一个社会主义国家，贯彻以人民为中心的发展理念，逐步实现共同富裕。我们要夺取中国特色社会主义胜利，要建设社会主义现代化强国，要实现中华民族的伟大复兴，而精准扶贫精准脱贫是这新长征中的一个重要篇章。作为佤族人民唱新歌诞生地的西盟佤族自治县，通过精准扶贫精准脱贫，生产力和生产关系都将再上一个台阶，佤族人民将再唱新歌！中国精准扶贫实践进一步证明了中国模式的有效性，中国精准扶贫实践丰富和完善中国特色社会主义实践，增强了中国特色社会主义道路自信、理论自信、制度自信、文化自信。让我们向2020年全面建成小康社会、2050年建设社会主义现代化强国的宏伟目标努力奋斗！

施红

2019年4月于中共中央党校（国家行政学院）

目　录

CONTENTS

第一章　习近平总书记关于扶贫开发重要论述

习近平总书记关于扶贫开发重要论述是中国共产党领导中国人民立足于中国国情的反贫困实践的理论升华和经验总结，是新时期中国反贫困事业必须坚持和发扬的行动指南与理论纲领。2013 年以来我国实施的精准扶贫战略是习近平扶贫开发思想的集中体现。习近平关于扶贫开发重要论述是经过长期实践探索逐步形成的，内容丰富，思想深刻，具有极强的思想性、理论性、指导性。习近平关于扶贫开发重要论述源于习近平总书记扶贫开发实践探索，习近平总书记在 2015 减贫与发展高层论坛上说，“40 多年来，我先后在中国县、市、省、中央工作，扶贫始终是我工作的一个重要内容，我花的精力最多。”[①] 习近平关于扶贫开发重要论述是马克思主义贫困理论在我国的最新理论成果，是中国特色社会主义发展经济学的重要组成部分。

一、深刻领会习近平总书记关于扶贫开发重要论述

习近平总书记对精准扶贫提出了许多重要论述，比如消除贫困、改善民生、实现共同富裕，是社会主义的本质要求，是我们党的重要使

① 《人民日报》，2015 年 10 月 17 日，02 版。

命；脱贫攻坚任务重的地区，党委和政府要把脱贫攻坚作为“十三五”期间头等大事和第一民生工程来抓，坚持以脱贫攻坚统揽经济社会发展全局；要层层签订脱贫攻坚责任书、立下军令状，形成五级书记抓扶贫、全党动员促攻坚的局面；提出脱贫攻坚已经到了啃硬骨头、攻坚拔寨的冲刺阶段，所面对的都是贫中之贫、困中之困，采用常规思路和办法、按部就班推进难以完成任务等。深刻领会习近平关于扶贫开发重要论述主要包括以下方面[①]：

1. 深刻领会习近平总书记关于扶贫开发是社会主义的本质要求的重要思想，进一步增强打赢脱贫攻坚战的使命感、责任感

习近平总书记多次指出：“消除贫困、改善民生、实现共同富裕，是社会主义的本质要求，是我们党的重要使命。”[②]“贫穷不是社会主义。如果贫困地区长期贫困，面貌长期得不到改变，群众生活长期得不到明显提高，那就没有体现我国社会主义制度的优越性，那也不是社会主义。”[③]“做好扶贫开发工作，支持困难群众脱贫致富，帮助他们排忧解难，使发展成果更多更公平惠及人民，是我们党坚持全心全意为人民服务根本宗旨的重要体现，也是党和政府的重大职责。”[④]“得民心者得天下。从政治上说，我们党领导人民开展了大规模的反贫困工作，巩固了我们党的执政基础，巩固了中国特色社会主义制度。”[⑤]我们学习习近平总书记扶贫开发重要论述，首先要从政党性质、执政责任、巩固制度的高度深刻理解深化认识，增强使命感责任感。

---

① 刘永富：《以习近平总书记扶贫开发战略思想为指导坚决打赢脱贫攻坚战》，2016。

② 《人民日报》，2016 年 11 月 28 日，07 版。

③ 《人民日报》，2018 年 8 月 21 日，06 版。

④ 《人民日报》，2018 年 9 月 17 日，07 版。

⑤ 《在中央扶贫开发工作会议上的讲话》，2015 年 11 月 27 日，载《十八大以来重要文献选编》（下），中央文献出版社，2018 年，第 31-32 页。

2. 深刻领会习近平总书记关于农村贫困人口脱贫是全面建成小康社会最艰巨任务的重要思想，进一步认识脱贫攻坚的艰巨性、复杂性和紧迫性

习近平总书记多次指出："全面建成小康社会、实现第一个百年奋斗目标，农村贫困人口全部脱贫是一个标志性指标。"①他强调"经过多年努力，容易脱贫的地区和人口已经解决得差不多了，越往后脱贫攻坚成本越高、难度越大、见效越慢。"②"脱贫攻坚已经到了啃硬骨头、攻坚拔寨的冲刺阶段，所面对的都是贫中之贫、困中之困，采用常规思路和办法、按部就班推进难以完成任务。"③"必须动员全党全国全社会力量，向贫困发起总攻，确保到2020年所有贫困地区和贫困人口一道迈入全面小康社会。"④我们学习习近平总书记扶贫开发重要论述，就是要对未来脱贫攻坚的艰巨性、复杂性、紧迫性有清醒认识和充分准备，坚持不懈，克难前行。

3. 深刻领会习近平总书记关于精准扶贫精准脱贫的重要思想，进一步提高脱贫攻坚的精准度和有效性

习近平总书记强调："扶贫开发推进到今天这样的程度，贵在精准，重在精准，成败之举在于精准。搞大水漫灌、走马观花、大而化之，手榴弹炸跳蚤不行。"⑤"总结各地实践和探索，好路子好机制的核心就是精准扶贫、精准脱贫，做到扶持对象精准、项目安排精准、资金使用精

① 《人民日报》，2015年11月30日，01版。

② 《在中央扶贫开发工作会议上的讲话》，2015年11月27日，载《十八大以来重要文献选编》（下），中央文献出版社，2018年，第34页。

③ 《在中央扶贫开发工作会议上的讲话》，2015年11月27日，载《十八大以来重要文献选编》（下），中央文献出版社，2018年，第34页。

④ 《在中央扶贫开发工作会议上的讲话》，2015年11月27日，载《十八大以来重要文献选编》（下），中央文献出版社，2018年，第29–30页。

⑤ 《人民日报》，2016年1月11日，07版。

准、措施到户精准、因村派人精准、脱贫成效精准。”[①]“脱贫摘帽要坚持成熟一个摘一个，既防止不思进取、等靠要，又防止揠苗助长、图虚名。”[②]我们学习习近平总书记扶贫开发重要论述，就是要真正把精准理念落到实处，变“大水漫灌”为“精准滴灌”，切实解决扶持谁、谁来扶、怎么扶、如何退的问题。

4. 深刻领会习近平总书记关于内源扶贫的重要思想，进一步激发贫困地区贫困群众的主动性、积极性

习近平总书记多次讲：“脱贫致富贵在立志，只要有志气、有信心，就没有迈不过去的坎。贫困地区发展要靠内生动力，如果凭空救济出一个新村，简单改变村容村貌，内在活力不行，劳动力不能回流，没有经济上的持续来源，这个地方下一步发展还是有问题。”[③]“脱贫致富终究要靠贫困群众用自己的辛勤劳动来实现。”[④]“树立‘宁愿苦干、不愿苦熬’的观念，自力更生，艰苦奋斗，靠辛勤劳动改变贫困落后面貌。”[⑤]“扶贫既要富口袋，也要富脑袋。要坚持以促进人的全面发展的理念指导扶贫开发，丰富贫困地区文化活动，加强贫困地区社会建设，提升贫困群众教育、文化、健康水平和综合素质，振奋贫困地区和贫困群众精神风貌。”[⑥]我们学习习近平总书记扶贫开发重要论述，就是要坚持人民群众的主体地位，激发贫困地区、贫困群众内生动力，帮助贫困群众靠自己双手改变命运、实现人生出彩。

---

① 《在中央扶贫开发工作会议上的讲话》，2015 年 11 月 27 日，载《十八大以来重要文献选编》（下），中央文献出版社，2018 年，第 38 页。

② 《人民日报海外版》，2016 年 09 月 1 日，07 版。

③ 《人民日报》，2018 年 9 月 17 日，07 版。

④ 《人民日报》，2015 年 11 月 29 日，01 版。

⑤ 《在中央扶贫开发工作会议上的讲话》，2015 年 11 月 27 日，载《十八大以来重要文献选编》（下），中央文献出版社，2018 年，第 49 页。

⑥ 《在中央扶贫开发工作会议上的讲话》，2015 年 11 月 27 日，载《十八大以来重要文献选编》（下），中央文献出版社，2018 年，第 50 页。

5. 深刻领会习近平总书记关于社会扶贫的重要思想，进一步广泛动员社会各方面力量参与脱贫攻坚

习近平总书记强调："人心齐，泰山移。脱贫致富不仅仅是贫困地区的事，也是全社会的事。"[①]"要健全东西部协作、党政机关定点扶贫机制，各部门要积极完成所承担的定点扶贫任务，东部地区要加大对西部地区的帮扶力度，国有企业要承担更多扶贫开发任务。鼓励支持各类企业、社会组织、个人参与脱贫攻坚。"[②]"要引导社会扶贫重心下沉，促进帮扶资源向贫困村和贫困户流动，实现同精准扶贫有效对接。"[③]我们学习习近平总书记扶贫开发重要论述，就是要更加广泛、更加有效地动员和凝聚各方面力量，构建专项扶贫、行业扶贫、社会扶贫"三位一体"大扶贫格局，形成脱贫攻坚的强大合力。

6. 深刻领会习近平总书记关于阳光化管理的重要思想，进一步管好用好扶贫资金

总书记指出："我不满意，甚至愤怒的是，一些扶贫款项被各级截留，移作他用。扶贫款项移作他用，就像救灾款项移作他用一样，都是犯罪行为。还有骗取扶贫款的问题。对这些乱象，要及时发现、及时纠正，坚决反对、坚决杜绝。"[④]"扶贫资金是贫困群众的'救命钱'，一分一厘都不能乱花，更容不得动手脚、玩猫腻！要加强扶贫资金阳光化管理，加强审计监管集中整治和查处扶贫领域的职务犯罪，对挤占挪用层

① 《人民日报》，2018 年 8 月 21 日，06 版。
② 《人民日报海外版》，2016 年 9 月 01 日，07 版。
③ 《在中央扶贫开发工作会议上的讲话》，2015 年 11 月 27 日，载《十八大以来重要文献选编》（下），中央文献出版社，2018 年，第 50–51 页。
④ 《做焦裕禄式的县委书记》，中央文献出版社，2015 年，第 25 页。

层截留、虚报冒领、挥霍浪费扶贫资金的，要从严惩处！”[①]我们学习习近平总书记关于扶贫开发重要思想，就是要始终把纪律和规矩挺在前面，不断完善制度，加强监管，坚决惩治和预防扶贫领域违纪违法行为。

7. 深刻领会习近平总书记关于扶贫开发要坚持发挥政治优势和制度优势的重要思想，进一步加强党对打赢脱贫攻坚战的组织领导

习近平总书记明确要求：“凡是有脱贫攻坚任务的党委和政府，都必须倒排工期、落实责任，抓紧施工、强力推进。特别是脱贫攻坚任务重的地区党委和政府要把脱贫攻坚作为‘十三五’期间头等大事和第一民生工程来抓，坚持以脱贫攻坚统揽经济社会发展全局。要层层签订脱贫攻坚责任书、立下军令状。”[②]“要建立年度脱贫攻坚报告和督查制度，加强督查问责，把导向立起来，让规矩严起来。”[③]“省对市地、市地对县、县对乡镇、乡镇对村都要实行这样的督查问责办法，形成五级书记抓扶贫、全党动员促攻坚的局面。”[④]“对贫困县党政负责同志的考核，要提高减贫、民生、生态方面指标的权重，把党政领导班子和领导干部的主要精力聚焦到脱贫攻坚上来。”[⑤]“要把贫困地区作为锻炼培养干部的重要基地”[⑥]，“把脱贫攻坚实绩作为选拔任用干部的重要依据”。[⑦]我

---

① 《在中央扶贫开发工作会议上的讲话》，2015 年 11 月 27 日，载《十八大以来重要文献选编》（下），中央文献出版社，2018 年，第 49 页。

② 《在中央扶贫开发工作会议上的讲话》，2015 年 11 月 27 日，载《十八大以来重要文献选编》（下），中央文献出版社，2018 年，第 46 页。

③ 《在中央扶贫开发工作会议上的讲话》，2015 年 11 月 27 日，载《十八大以来重要文献选编》（下），中央文献出版社，2018 年，第 47 页。

④ 《在中央扶贫开发工作会议上的讲话》，2015 年 11 月 27 日，载《十八大以来重要文献选编》（下），中央文献出版社，2018 年，第 47 页。

⑤ 《在中央扶贫开发工作会议上的讲话》，2015 年 11 月 27 日，载《十八大以来重要文献选编》（下），中央文献出版社，2018 年，第 47 页。

⑥ 《在中央扶贫开发工作会议上的讲话》，2015 年 11 月 27 日，载《十八大以来重要文献选编》（下），中央文献出版社，2018 年，第 47 页。

⑦ 《在中央扶贫开发工作会议上的讲话》，2015 年 11 月 27 日，载《十八大以来重要文献选编》（下），中央文献出版社，2018 年，第 47 页。

们学习习近平总书记扶贫开发重要论述，就是要始终坚持党对脱贫攻坚的领导，充分发挥社会主义集中力量办大事的制度优势，坚决打赢脱贫攻坚战。

二、习近平总书记关于扶贫开发重要论述的精神实质

习近平总书记扶贫开发重要论述，充分体现了中国特色扶贫开发道路的理论创新和实践创新，贯彻了创新、协调、绿色、开放、共享的五大发展理念，精辟阐述了扶贫开发在“五位一体”总体布局和“四个全面”战略布局中的重要地位和作用，体现了马克思主义世界观和方法论，是治国理政思想的重要组成部分，是中国特色社会主义理论体系的重要组成部分和新发展，是做好当前及今后一个时期脱贫攻坚工作的科学指南和根本遵循。

全力推进脱贫攻坚要有责任意识，增强政治责任感，坚决与党中央保持一致，响应号召、统筹谋划、兑现承诺；要有攻坚意识，采取非常规举措，打好政策组合拳，确保到2020年贫困人口全部脱贫，贫困县全部摘帽，没有退路，不留锅底；要有精准意识，改“大水漫灌”为“精准滴灌”，做到精准识别、精准施策、精准退出、精准考核；要有创新意识，坚持问题导向，做到理念创新、制度创新、方式创新、机制创新；要有廉洁意识，加强监管，提高效益，廉洁扶贫，阳光扶贫。

第二章　精准扶贫的理论创新

从新中国成立以来，中国就一直同贫困进行艰苦斗争。改革开放以来特别是十八大以来，中国政府带领中国人民实施精准扶贫精准脱贫，中国贫困人口数量大幅度减少，扶贫开发取得举世瞩目成就。中国扶贫开发特别是精准扶贫丰富了发展经济学扶贫理论和实践，同时，也对世界减贫事业做出了重要贡献。

一、中国精准扶贫的提出

党的十八大以来，习近平总书记针对扶贫开发工作，提出了一系列扶贫新思想和新观点，这些新思想和新观点构成了中国新时期扶贫开发战略思想。2013 年 11 月，习近平总书记于湖南湘西考察中首次提出“精准扶贫”的概念。2015 年 6 月，习近平总书记在贵州考察中，提出精准扶贫中的“六个精准”。2015 年 10 月，习近平总书记出席了 2015 减贫与发展高层论坛，在论坛上着重强调，中国扶贫攻坚工作实施精准扶贫方略，坚持中国制度优势，注重六个精准，坚持分类施策，通过扶持生产和就业发展一批，通过易地搬迁安置一批，通过生态保护脱贫一批，通过教育扶贫脱贫一批，通过低保政策兜底一批，广泛动员全社会力量参与扶贫。同年，党的十八届五中全会将农村贫困人口脱贫作为全面建成小康社会的底线目标进行安排部署，明确到 2020 年我国农村贫困人口实现脱贫，贫困县全部摘帽，区域性整体贫困基本解决。2017 年 6 月，习近平总书记在深度贫困地区脱贫攻坚座谈会上强调，脱贫攻坚本来就是一场硬仗，而深度贫困地区的脱贫攻坚是硬仗中的硬仗，将深度贫困地区列为脱贫攻坚的重中之重。

2017 年 10 月 18 日，党的十九大报告指出坚决打赢脱贫攻坚战，让贫困人口和贫困地区同全国一道进入全面小康社会是我们党的庄严承诺。2018 年 4 月，中央财经委员会第一次会议上，习近平总书记强调打好精准脱贫攻坚战必须严格坚持现行扶贫标准，既不能擅自拔高标准，也不能降低标准。要通过整合和创新扶持政策，精准施策，引导资源与要素向深度贫困地区集中，有效帮扶特殊贫困群体。2018 年 12 月，在中央经济工作会议上，习近平总书记进一步强调打好脱贫攻坚战，必须一鼓作气，加大“三区三州”等深度贫困地区和特殊贫困群体脱贫攻坚力度，减少和防止贫困人口返贫，同时研究解决那些收入水平略高于建档立卡贫困户的群体缺乏政策支持等新问题。

二、中国精准扶贫的内涵、目标和基本理念

精准扶贫思想是当代反贫困理论的巨大创新，充分体现了马克思主义的世界观与方法论。推进精准扶贫战略实施是中国全面建成小康社会、实现共同富裕以及夺取中国特色社会主义伟大胜利的重要选择。中国精准扶贫已经进入了脱贫决胜期，扶贫工作必须以习近平扶贫开发重要论述为根本行动指南。

1. 精准扶贫的内涵

习近平总书记在 2013 年对湖南湘西考察中提出精准扶贫的概念。

所谓“精准扶贫”就是要改变过去大水漫灌、粗放式的扶贫方式，强调扶贫工作中要切实看真贫、准确扶真贫、真正去扶贫，实事求是、因地制宜地将国家扶贫政策与措施精确落实到每家每户，通过对贫困家庭和贫困人口的精准帮扶，从根本上精确解决导致贫困户发生致贫的各种因素和障碍，从而彻底拔出“穷根”，真正意义上的达到脱贫致富。在扶贫的过程中，要对“穷根”进行定向地精确的“治疗”，帮助穷困地区的贫困户发现“穷根”，并根据“穷根”制定各种政策手段，帮助他们摸索一条适合自身，能够实现的致富之道。可见，精准扶贫是中国扶贫开发重大的理论创新和实践创新。

实施精准扶贫首先要发现和解决在扶贫开发实践过程中的现实问题，这些问题既包括长期遗留问题，也包括扶贫过程出现的新问题。中国扶贫开发取得的成就举世瞩目，扶贫工作面临以下一些状况，主要表现在：第一，我国扶贫实力显著增强。随着我国国家实力的综合提升，经济总量稳居世界第二，针对贫困问题的治理能力明显提高，治理体系更加完善，科技及其应用日新月异。总体来看，我国已经完全具备全面脱贫治理的整体实力。第二，中国贫困地区和贫困人口的空间分布已经发生变化。改革开放初期，我国农村绝大多数是穷人，贫困发生率高达97%，通过几十年的特色扶贫开发之路，农村多数贫困家庭走出贫困的困境。目前，贫困人口明显呈现空间分散的状况，深度贫困地区连片集中与零星分散并存。第三，我国传统开发式扶贫效果式微。党的十八大之前，我国实施扶贫开发模式以政府为主导力量，同时兼顾市场主体为重要推动力量，贫困地区整体经济水平明显增长，农村实现了长期持续大规模减贫。但是，进入经济发展新常态后，通过政府主导的地区经济增长带动实现的脱贫减贫效益显著地下降。新业态新产业技术密集程度高，益贫能力相比之下较低，同样，传统的劳动力转移和农业经营增收脱贫的效益空间被限制。无疑，过去的大水漫灌式的扶贫模式已经不能解决目前的扶贫问题，贫困状况呈现固化增强的趋势，贫困治理一定程度上陷入困境。第四，贫困的成因愈加多样化。不同贫困地区贫困状况复杂多样，致贫原因主客观因素并存，有些属于因病致贫，而有些属于懒惰致贫。

以人民为中心是精准扶贫的内在本质。马克思主义政治经济学的根本立场就是坚持以人民为中心，人民的利益优于一切。精准扶贫则是马克思主义在中国实践的最新产物，在新时代坚持和发展了人民主体思想。2012 年 11 月，习近平总书记同中外记者见面时鲜明宣示："人民对美好生活的向往，就是我们的奋斗目标"。[①]可见，人民始终是一切工作的关键词。精准扶贫则同样体现了人民为中心的工作思想。习近平总书记强调："做好扶贫开发工作，支持困难群众脱贫致富，帮助他们排忧解难，使发展成果更多更公平惠及人民，是我们党坚持全心全意为人民服务根本宗旨的重要体现，也是党和政府的重大职责"。[②]

习近平扶贫开发重要论述是精准扶贫的实践方针。针对贫困问题，习总书记提出了一系列重要论述，包括消除贫困是社会主义的本质要求，是我们党一直以来的重要使命；脱贫攻坚任务重的地区党委和政府要坚持以脱贫攻坚统揽经济社会发展全局，把脱贫攻坚作为头等大事和第一工程；要层层签订责任书、立下军令状；脱贫攻坚已经到了啃硬骨头、攻坚拔寨的冲刺阶段，所面对的都是贫中之贫、困中之困。这些重要论述都成为我国精准扶贫实践中的重要指南。

① 《人民日报》，2017 年 8 月 3 日，01 版。
② 《人民日报》，2018 年 9 月 17 日，07 版。

2. 精准扶贫的目标

扶贫减贫的长期目标是共同富裕，其价值取向是实现人的全面发展。扶贫开发的根本出发点和落脚点是使全体人民都能满足基本的物质文化生活需求。脱贫致富是贫困地区创造物质文明、物质财富的重要实践活动。但是，生产力的高度发展不是社会主义的全部，社会主义还要求有高度发展的精神文明，既要让人民群众生活富足丰裕，又要使人民群众具备高度的科学文化知识和思想道德水平，这才是脱贫致富的本质追求和内在要求。精准扶贫要求“物质扶贫”和“精神扶贫”相统一。一方面，“物质扶贫”是要通过物质积累发展经济，提高人们的综合收入水平，解决贫困人口的衣食住行等问题。另一方面，“精神扶贫”就是要通过积极发展教育事业，开展新时代社会主义精神文明建设，以增强人们科学文化素养，提高思想道德水平，培育锤炼贫困群众摆脱贫困，实现富裕的能力、信念以及信心。因此，只有同时在物质和精神上摆脱贫困，才能实现人的自由、全面、可持续发展。

我国扶贫攻坚的短期目标是围绕全面建成小康社会，到 2020 年实现“两不愁三保障”“两个确保”和“一高于一接近”。即稳定实现农村贫困人口不愁吃、不愁穿，义务教育、基本医疗和住房安全有保障；确保我国现行标准下农村贫困人口实现脱贫，贫困县全部摘帽，解决区域性整体贫困。实现贫困地区农民人均可支配收入增长幅度高于全国平均水平，基本公共服务主要领域指标接近全国平均水平。

3. 扶贫开发基本理念——精准化

习近平总书记扶贫开发的核心理念是以精准化思维提升扶贫政策效率和扶贫投入效用，实现精准扶贫与脱贫。精细化理念要体现在扶贫工作的各个环节，重点要求运用于扶贫对象与扶贫资源的精准精细管理之中，要对扶贫对象实行精细化管理、精准化扶持，对扶贫资源实行精准配置，确保扶贫资源真正用在扶贫对象身上。习近平总书记根据目前我国贫困群体状况，结合数十年扶贫工作经验和教训提出“六个精准”这一针对性的精准措施，即扶持对象精准、项目安排精准、资金使用精准、措施到户精准、因村派人精准、脱贫成效精准。“扶持对象精准”意味着要做到识别精准，保证扶贫中瞄准贫困对象，防止贫困目标偏移。要“扶持对象精准”，需要准确把握贫困人口的贫困程度和贫困成因。根据贫困成因，有目的性地通过精准安排项目、合理使用资金、精准实施措施，扶持贫困人群，对贫困户进行精准帮扶。“因村派人精准”是指在向贫困村选派第一书记和驻村工作队的过程中，要注意发挥扶贫队伍的真才实干，解决谁来扶贫的问题。“脱贫成效精准”就是要对贫困户实行动态管理，对贫困地区实施精准考核，并且根据扶贫进展及时调整扶贫策略，明确贫困人口的退出标准、退出程序以及核查方法，建立贫困人口退出机制，对扶贫工作进行全方位跟踪和把控。

4. 我国精准扶贫进入决胜期

我国精准扶贫进入决胜期，脱贫攻坚任务异常艰巨。按照现行减贫标准，我国每年仍需减少贫困人口 1000 万以上，目前的贫困人口多数为经济基础较差、贫困程度较深地区的群众。习近平总书记在深度贫困地区脱贫攻坚座谈会上指出：我国脱贫攻坚面临的任务仍然十分艰巨。从全国贫困人口总量上看，2017 年底农村贫困人口还有 4300 多万人。要想按期实现脱贫攻坚目标，平均每年需要缩减 1100 万左右的贫困人口，并且扶贫后期脱贫成本将进一步提高、难度进一步加大。从贫困人口结构上看，现有贫困的人口所在的自然条件差，经济条件差、贫困程度深，这些贫困问题成为越来越难啃的硬骨头。在贫困人群结构来看，残疾人、孤寡老人、长期患病者等人群以及部分文化程度低、生存技能缺乏的贫困群众。这些人群虽然在实现不愁吃、不愁穿“两不愁”的难度较低，但是在义务教育、基本医疗、住房安全等三个保障方面的难度较大。党的十九大报告指出：“要动员全党全国全社会力量，坚持精准扶贫、精准脱贫，坚持中央统筹、省负总责、市县抓落实的工作机制，强化党政一把手负总责的责任制，坚持大扶贫格局，注重扶贫同扶志、扶智相结合，深入实施东西部扶贫协作，重点攻克深度贫困地区脱贫任务，确保到2020年我国现行标准下农村贫困人口实现脱贫，贫困县全部摘帽，解决区域性整体贫困，做到脱真贫、真脱贫。”

三、国际扶贫及借鉴意义

从国际层面看，贫困问题作为全球发展面临的共同尖锐问题，历来被世界各国所重视。联合国可持续发展划定的首要目标就要在2030年消除极端贫困。而世界上不管是发达国家还是发展中国家都在积极探索符合自身国情实际特点的有针对性和有效性的扶贫计划和措施。各个国家地域不同、经济发展阶段不同、风俗文化不同，因而扶贫发展路径不完全相同。因此，研究各个国家的扶贫历程，吸取扶贫理念与经验，对实现我国精准脱贫具有重要意义。

1. 发展中国家扶贫

在国际上，发展中国家一般指人均国民生产总值和社会财富处于中等水平的国家，主要包括中国、印度、巴西、孟加拉、泰国等国家。

（1）巴西的扶贫

巴西作为南美发展中国家，中央政府为了解决地区贫困问题，实施了以“增长极理论”为指导的扶贫政策。增长极理论由法国经济学家佩鲁首先提出，他基于不发达地区的资源综合状况和经济发展规律，在某些地区或大城市，一些主导部门和创新能力较强的企业相互作用、聚集，形成的经济发展中心，这些城市具有生产、金融、信息、决策等多元功能，凭借这些优势能够对周围地区发挥吸引与辐射作用，既促进自身发展，又推动周边地区产业崛起。1967 年巴西首先选择亚马逊首府马斯作为“增长极”，主要运用了以下政策：第一，成立专门的落后地区开发机构，形成自上而下的国家治理体系，用于指导、组织目标欠发达区域的开发工作与实施扶贫开发政策；第二，制定推行一系列的落后地区开发计划，重点实行促进“增长极”建设的鼓励新政策，制定特殊性的优惠政策；第三，特别加强开发地区交通运输业和电子信息业等基础设施建设；第四，运用财政刺激政策，积极筹集开发性资金，有倾向的引导私人在农业部门以及落后地区进行投资；第五，通过政府预算拨款，保证开发所需资金充裕，保证“增长极”开发过程顺利实施；第六，实行农产品价格保护政策，倡导农业稳定发展，尤其是保护新开发地区的投资者利益。1974 年后，巴西政府又扩大了亚马逊地区的开发规模，在 17 个规模不等的地区相继建立“增长极”，基本形成了带动整个亚马逊地区开发的“增长极”网络，并在推动亚马逊地区的经济发展中，取得了明显成效。在此基础上，巴西政府继续在中西部土地资源充裕的各州市建立移民定居点，积极组织东南地区的移民迁入，改善了人口和农业布局。①

① 王俊文：《当代中国农村贫困与反贫困问题研究》，华中师范大学硕士论文，2007 年。

（2）印度的扶贫

印度政府早在1962年就率先提出了必须确保国内贫困人口享有最低生活水平，为达到这一目标，印度政府制定了一系列政策方针。这一政策可分为两个阶段：第一阶段提出政府投资预算重点由工业向农业转变，在部分地区率先开展“绿色革命”。具体措施包括引进、培育和推广高质量的农业种植产品种类以及综合农业技术适用性措施，以提高农作物产量解决国内粮食问题。从政策结果来看，虽然这一阶段的绿色革命一定程度上解决了印度部分地区的粮食供给问题，但和政策最初的设想相比，实施效果尚有较大差距。究其原因，是因为第一阶段的政策是在基础条件和气候相对较好的区域开展，政策的优惠信贷主体集中在地主和富农阶层。因此，政策的结果是目标地区内部、农户之间贫富差距拉动，经济阶层间矛盾增加。面对这一问题，中央政府开始调整前一阶段的战略部署。在第二阶段，即印度的第五个五年计划中，中央政府提出稳消除贫困，满足最低需要的基本目标，包括实施初级教育、农村医疗、农村道路、农村电力等多种计划来促进贫困地区的发展。

在20世纪70年代初期，中央政府又提出了公营分配制度的扶贫新策略。公营分配制度是指通过政府控制一系列平价商店，保证广大人民特别是贫弱阶层能够以适当价格获得基本消费品的供应。90年代初期，为适应扶贫地区发展需求，公营分配制度发生调整，在印度约1700个干旱、沙漠地部落区域，设立了数量庞大的便利店，对贫困家庭提供配额供应，这些供应相比其他商品分配系统，价格明显低廉。除了基本必需品外，还增加了茶叶、碘盐、肥皂等居民生活重要物资。除了公营分配制度，70年代后期起，印度实施了一系列农民扶贫基础开发计划，这些经济计划与政策的着力点调整为缓解农村贫困。具体则包括农村综合发展计划、农民就业振兴与保证计划、农村青年私营技能培训计划以及妇女与儿童保障计划。印度政府还大力发展福利事业，以缩小国内贫富差距，保障贫困家庭的基本生存权利。

1991年开始，印度逐步放开运输、电力等基础设施领域的管制措施，基建方面取得了一定效果。私人基础设施投资大部分以公私合作方式进行，通过扩大基础设施投资，推动经济发展，进而推动减贫。90年代后，印度注重城镇化建设，通过城镇化，农村剩余人口得以向城市制造业和服务业转移，使得印度农村贫困人口大幅减少。进入21世纪，印度房地产市场迅猛发展提供了大量就业岗位，加速人口转移，并带动就业和脱贫。[①]

（3）孟加拉国扶贫

在孟加拉国，尤努斯教授探索出了一种新型的小额信贷扶贫模式。该模式开始于1976年的“乡村银行”研究实验计划，该计划旨在探索穷人进入农村金融系统的方法，这一模式有三个前提：一是金融无界，不排斥穷人；二是任何贷款都具有初始信任；三是相信穷人的生存技能。这一计划目标在于证明，一旦穷人在合适时间与条件能获得恰当的资金支持，他们一定可以自主开展盈利性活动而不需要其他援助。小额贷款扶贫模式在孟加拉国取了一定的成功，主要原因有：第一，这一模式具良好的风险控制机制，使得小额信贷变为可能；第二，“小组＋中心＋银行工作人员”的信贷机制较好地解决了信息不对称的问题。每个贷款申请人都必须加入一个由相同经济与社会背景、具有相似目的的人组成的支持小组，每个小组必须建立起相应的激励机制，这些机制的目的在于使小组的成员之间建立起互助支持关系。以此为基础，乡村银行还鼓励这些村子里不同的八个支持小组组织成为更大的联盟，也就是“中心”。每个中心每周必须按时在指定地点与银行工作人员进行洽谈协

① 宋志辉：《印度农村反贫困的经验、教训与启示》，载《南亚研究季刊》，2009年第1期。

商。中心拥有一个主要负责人，由所有成员投票选出，主要与银行制定的中心工作人员密切合作，安排中心的各项事务，协商解决单个小组无法独自解决的问题。支持小组的组长和中心负责人在决定是否贷款中起很大的作用，具有相当大的话语权利，当某一个成员村民在会议期间正式提出一项贷款申请，首先银行工作人员会咨询组长和负责人；第三，贷款的高利率保证了银行的盈利性和持续发展。这些银行能够根据市场需求情况自行制定利率，这些利率相对较高，年复利约10%；第四，小额贷款银行良好的用工体系保证了乡村银行员工的整体素质；第五，小额贷款银行与政府建立了良好合作关系，政府同样制定了有效政策措施以保证其良性发展。①

（4）发展中国家扶贫的借鉴意义

通过对巴西、印度和孟加拉国扶贫历程和扶贫经验分析，我们注意到这些国家在扶贫中重视三个方面，一是重视农村生产要素投入。比如在孟加拉国以尤努斯教授为首发起的“乡村银行”，是对穷人金融支持；印度政府推行“绿色革命”，是对穷人的农业技术支持；印度第五个五年计划实施，包括初级教育、农村医疗、乡村道路等，是对穷人的人力资本支持；二是着力保障贫困家庭基本生活。印度政府实施的公营分配制度，以合理价格向广大贫困人群供应基本消费品，保障了其最基本生存；三是重视通过工业化与城镇化拉动经济增长，进而促进减贫。如巴西政府采用“发展极理论”的扶贫模式，印度城镇化建设模式。回顾中国扶贫历程，我们也可以看到，中国扶贫开发取得成效，一是重视中国“四化同步”的实施；二是重视农业农村发展；三是得益于精准扶贫中对贫困户的精准帮扶。

① 石晶，李卿语：《孟加拉乡村银行模式对发展我国农村小额信贷的启示》，载《税务与经济》，2010年第2期。

2. 发达国家扶贫

美国、英国、德国、法国、日本、韩国等发达国家都曾经存在经济发展不平衡的问题。20 世纪五六十年代以来，这些国家的政府实施多种反贫困政策，不断加强对落后地区的有效开发，取得了显著成效。

（1）美国扶贫

美国政府长期信奉自由市场经济，认为如果政府救助贫困人口，整体经济运行将会受到影响，所以政府自身不进行贫困人口救助工作，一般应由慈善团体等民间组织进行贫困救助。1933 年发生的大萧条以及凯恩斯经济理论的发展，为美国政府干预经济提供理论支撑，并逐步建立社会保障制度，着力通过构筑社会保障网来帮助贫困人口解决基本生活需求。经过几十年的发展和完善，已经建立起了一个较为健全的社会保障体系，主要包括以下几个方面：第一，美国政府为特定贫困人群提供低于市场价格的公共租赁房，低收入贫困人群的资金主要来源于联邦住宅抵押贷款系统，提供低息贷款。联邦政府还鼓励通过利息减免、税收优惠，吸引更多的房地产开发商参与建设公租房；第二，在医疗保障方面。普通美国居民主要向私人雇主购买参与医疗保险，剩下的部分低收入群体则可享受联邦公共健康保险计划；第三，美国政府通过非自愿失业者可以在一定期限内领取失业保险金，避免失业者个人和家庭迅速陷入贫困。美国的失业保险由州一级机构按照州的有关法律规定具体管理。各州失业保险基金的筹集具有强制性，基本上来源于雇主或雇员按工资总额一定比例缴纳的失业保险税。这样能保证绝大多数雇员都能拿到失业保险；第四，美国发展了丰富多样的社会福利项目，既有抚养未成年子女与老人的困难补贴，又有食品券、医疗补助、儿童营养项目等。这些项目所用资金基本来自联邦、州和地方三级政府拨款。[①]

美国在农村采取农业合作社的方式帮助农民脱贫，其合作社体系十分发达，在农业技术推广、农业生产与贸易等领域具有重要的作用，涵盖销售、供应、服务等各个方面。美国农业主要采用家庭农场模式，每个家庭农场参加很多不同功能农业合作社。这些合作社一般都是以自愿入股的方式运营，采取一人一票制的民主同委托专家共同管理的模式。农场主能够在合作社得到金融、技术、设备多方面的支持，在各个方面帮助农民提高产量，提升收益。

（2）法国扶贫

20 世纪 60 年代法国政府相继设立“国土修整与区域实施评议会”及“国土修整全国委员会”等部门，各地区先后成立地区级别的“计划委员会”。一是直接向欠发达地区提供财政拨款，这些拨款主要用于基础设施建设，奠定扶贫开发基础；二是设立了“地区建设基金”与“工业自应性特别基金”两大基金，提供低息贷款、免税优待以及现代化设备等，用于鼓励私营企业主前往落后地区投资建厂，持续提高贫困地区经济发展水平。同时，优化国土开发布局，制定许多城市发展政策、山区开发政策、老工业区结构调整政策等，使得贫困地区人民在此过程中持续收益，收入不断增加。[②]

1988 年法国开始实施“最低收入补贴计划”，2001 年法国通过了“就业补助金”计划。2009 年次贷危机席卷法国，当时的萨科齐政府扶贫高级专员伊尔施提出，在 1988 年的“最低收入补贴计划”基础上，设立一套新体系，以更好地帮助那些暂时失业的贫困家庭和个人，这就是“积极互助收入计划”，简称 RSA。

---

① 黄爱军，朱奎 . 美国扶贫减困的主要特点及启示［J］. 老区建设，2010（8）：68-70.

② 吕国范 . 发达国家资源产业扶贫的模式及经验启示［J］. 商业经济研究，2014（29）：120-121.

在农业领域，法国政府大力实行农业保险扶贫制度，先后成立了一系列的保险机构开始有组织地进行农业保险业务，能够规避一些农业生产风险来保障农民生活，经过几十年发展，中央互助保险机构与多种形式的互助保险公司构成的保险体系基本形成，农业保险扶贫政策更加完善。1982 年颁布的《农业灾害救助法》第一次把农业自然灾害保险划分为强制险的范畴。1984 年农业灾害基金成立，主要承重大灾难风险损失。经过保险公司的合并潮之后，法国保险业更加规模化、规范化。目前，在农业保险领域，无论是保险规模还是险种范围都有了快速、广泛的扩张，农民在日常生产生活经营中可能面临的风险基本能够有效地规避和化解，农民经营收入有了稳定的保障。

（3）英国扶贫

英国较早地建立了完善的福利制度体系。英国政府 1948 年颁布了《国民救济法》，这意味着英国开始实行现代国民救助制度。经过几十年发展，福利制度覆盖了社会保障、医疗保健、国民保险等各个方面，政府对贫困者根据贫困者自身特点、贫困原因等进行群体分类，通过完善的指标体系对贫困进行等级划分，科学合理、公平高效地帮助贫困人口摆脱贫困。针对工薪阶层，1999 年先后规定国家最低工资并实施税收抵免，此后在 2003 年 4 月为儿童税收抵免和工作税收抵免，促进摆脱贫困。同时，英国拥有非常发达的慈善结构体系，包括社会福利、扶贫救济、教育援助等诸多方面，在反贫困事业上发挥了重要作用。《慈善法》对慈善委员会、慈善组织作了明确详细的规定，并建立了一整套慈善法律制度，涵盖慈善组织自治制度和税收优惠制度以及慈善资金的募集制度。[①]

为了改变英国在工业化进程中地域之间发展不平衡状况，英国政府

① 王志章，黄明珠．英国反贫困的实践路径及经验启示［J］．广西社会科学，2017（9）：188–193.

实行了一系列的措施，20世纪40年代至60年代末主要以拆除贫民窟，并在周边地域新建公共住房的方式，缓解贫困地区人口压力，改善贫困人口住房条件。20世纪60年代后，英国中央及地方政府与非政府组织进行组织合作，在落后地区引导并鼓励弱势群体积极就业，形成干预城市社区的新形式。70年代以后英国政府十分关注失业率，政府通过颁布《工业法案》，对贫困地域的中小企业进行进一步补贴，促进地区就业。进入21世纪以来，引进“邻里复兴的国家政策”项目，提高了就业率，有效缓解了这些地方的贫困。

（4）韩国扶贫

韩国在20世纪60年代还是个落后的农业国家。70年代初，韩国工业经济快速发展，资本投入成效显著，然而农村依旧非常落后，一些农村居民极度贫困。因此，韩国政府为了增加农民报酬收入，开展了著名的“新村运动”，以提高农民素质和农民就业率，形成了独具特色的农民投资扶贫模式。主要政策包括，一是政府不断加大贫困地区教育支出，在教育财政方面投入较大，保障农村教育扶贫事业持续发展；二是韩国政府成立了专门的农村人力资源开发机构；三是韩国政府高度重视农民的思想教育工作，一直坚持农村教育事业先行的开发理念，培养村民勤劳、自立精神，提高村民道德水平。①

（5）发达国家扶贫的借鉴意义

通过对美国、法国、英国、韩国扶贫历程和扶贫经验分析，我们可以看到这些国家扶贫工作中注重三个方面：一是建立健全全面完善的社会保障制度，例如，美国的社会保障制度和英国的较为完善的福利制度体系，构筑社会保障网，帮助苦难居民解决基本生活需求；二是注重农业合作社、农业保险、人力资本投入等符合农业发展方向的政策。美国

① 陈杨.精准扶贫模式探析［J］.甘肃理论学刊，2017（4）：145-148.

采取农业合作社方式帮助农民脱贫，法国实行农业保险扶贫制度，韩国实施人力资本投资扶贫模式；三是注重针对低收入群体或者弱势群体出台帮扶政策，比如法国通过“积极互助收入计划”帮助那些暂时失业的贫困家庭和个人。这些经验是值得中国学习和借鉴。

中国扶贫开发的规模和难度在世界上前所未有。2020年中国全面脱贫的伟大事业不仅在中国具有里程碑的意义，在国际上意义重大。在扶贫过程中，国外一些发展中国家和发达国家扶贫做法也需要进行学习，同时，我们必须看到中国的扶贫开发，特别是精准扶贫，对世界扶贫理论和实践做出的贡献。精准扶贫已经成为改革开放四十年“中国模式”的重要内容。中国精准扶贫精准脱贫将为世界上其他发展中国家减贫提供经验，也正在推动全球减贫事业发展。

四、中国精准扶贫对世界的贡献

党的十八大以后，中国扶贫开发进行到了新阶段，在以习近平总书记为核心的党中央坚强领导下，在精准扶贫思想指导下，扶贫脱贫工作取得了世人瞩目的成效。贫困地区、特困地区农村面貌焕然一新，农村居民收入增长迅猛，基本公共服务得到加强，生活消费水平稳步提高，农村基础设施明显改善，中国在世界减贫史上留下了浓墨重彩的一笔。《联合国千年发展目标报告》指出，“中国在全球减贫中发挥了核心作用”。中国精准扶贫理论和实践为世界减贫做出了巨大的贡献。

1. 精准扶贫对世界的理论贡献

精准扶贫理论丰富和发展了发展经济学，构成了中国特色发展经济学的重要内容。扶贫思想在发展经济学中占有重要地位。发展中国家的主要特点就是生产力水平低下、人均收入水平低下、经济发展不平衡等，因此扶贫构成了发展经济学的重要内容，许多经济学家都对贫困问题进行过深入的研究。

从理论渊源上讲，最早对贫困问题进行探讨的是英国经济学家马尔萨斯，他提出的“马尔萨斯陷阱”认为人口数量是社会贫困的主要因素，贫困发生的原因是人口的增长速度超过了农业耕作产生的粮食的生产速度增长水平。马尔萨斯强调下层社会的穷人应通过晚婚和基于自身抚养能力控制生育来控制人口数量；开放人口流动自由，以工作机会和劳动报酬选择居住地，开垦新土地，这实际上提倡通过增加劳动收入和推动劳动岗位供需平衡来增加贫困人口生产资料；另外他还主张通过设立以劳动工作为提前的济贫院，通过工作换取生活救济。二战以后，世界经济持续增长但两极分化严重，一大批经济学家投入到发展中国家反贫困的理论研究中，形成了不同的发展理论体系。具有代表性的思想，主要有纳克斯的“贫困恶性循环”理论、纳尔逊的“低水平均衡陷阱”理论、莱宾斯坦的“临界最小努力”理论等。“贫困恶性循环理论”提出：发展中国家存在经济发展停滞、人均收入水平低，是由于经济中存在着恶性循环，其中最主要的就是“贫困恶性循环”。即在供给方面存在着“低收入——低储蓄能力——低资本形成——低生产率——低产出——低收入”的恶性循环；而在需求方面，存在着“低收入——低购买能力——投资引诱不足——低资本形成——低生产率——低产出——低收入”的恶性循环。因此，纳克斯认为要打破恶性循环，就必须大规模增加储蓄，扩大投资，促进资本形成。纳尔逊在此基础上形成了“低水平均衡陷阱”理论，认为发展中国家人口的快速增长是阻碍人均收入水平提高的“陷阱”，为此发展中国家必须进行大规模的资本投资，使投资和产出的增长超过人口增长，冲出“低水平均衡陷阱”，进入持续稳定增长阶段。莱宾斯坦的“临界最小努力”理论也同样强调了资本形成对促进经济发展的重要性。这些思想重视工业发展，而轻视农业对于经济增长的重要性，主张重视资本积累，突出物质资本的形成，而轻视人力资源的开发；突出工业化，而轻视农业进步；突出计划管理，而轻视市场机制；突出内向发展，而轻视对外开放。在此经济思想氛围的影响下，许多发展中国家和地区实行的是一种封闭式的、以资本积累为重心的进口替代型工业化发展路线。遵循这条路线的国家和地区在经济建设中取得了一定的成效，人民生活方式和水平有一定程度的改善。

在经过20世纪50～60年代重工轻农思想之后，以舒尔茨为代表的经济学家提出人力资本理论。人们开始意识到农业尤其是现代农业对于经济发展的重要意义，开始重视发展现代农业，主张农工并举，平衡发展，强调政府对农业的扶持和干预，注重人力资本的作用。舒尔茨认为，一方面现代经济中的生产要素不仅包括物质形态的资本，还包括人力资本，并且后者是现代经济发展的核心力量；另一方面，贫困人口大量集中于农村，现代农业可以成为经济发展的源动力。限制贫困地区经济增长，决定贫富的关键因素是人的能力、素质、知识等人力资本。农村人力资本的缺乏和利用现代生产要素（科学、新技术）能力的限制使得科技成果无法大面积推广普及，国外经济援助和技术支持难以奏效。他还强调发展中国家要改变落后的局面，应建立一套制度安排，通过在职培训和职业教育，对农民进行人力资本投资，促进人力资源的全面开发，使农民掌握科学知识和技能，推动新生产要素在农业部门广泛使用，改造传统农业为现代农业。

制度学派认为贫穷的原因是制度安排的不合理和缺失。阿玛蒂亚·森1981年在《贫困与饥荒》一书中，指出贫困不仅是收入低下的外在表现，更是可行能力的丧失、被剥夺的结果。他认为饥饿是交换权利的函数，饥荒的原因更直接的表现在个人权利，尤其是交换权利的下降。权利关系体现了不同阶层人群对粮食的控制支配能力、相对低位、经济力量，取决于国家的法律、经济、政治等因素。一旦权利体制不合理，免于饥饿的权利被剥夺，即使粮食的总供给量并非不足甚至粮食丰收，也会导致一部分家庭和个人通过合法渠道取得的食物不足，贫困发生，森将这种贫困引发的饥荒称之为“繁荣型饥荒”。在现代社会中，人的食物权是最基本的权力，贫困人口要想免于饥饿，必须从政治体系、经济体系、社会体系之中获得权力供给，这就要求政府通过有公众参与公共行为，建立社会保障制度，发挥社会保障的“保护”功能——防止生活水平下降，和“促进”功能——提高人民生活水平，扩大基本能力。

精准扶贫思想进一步完善了发展经济学扶贫思想体系，对治理全球性贫困问题提供了值得借鉴的指导思想。在此之前发展经济学扶贫思想几乎都是笼统的、粗犷的扶贫模式，粗放扶贫基本以行政单元为扶贫对象，行政单元内所有居民不论贫富，都可以无差别享受扶持政策，容易造成资源分配不均，很多贫困人口没有得到相应的补偿。而精准扶贫是粗放扶贫的对称，它针对不同贫困区域环境、不同贫困农户状况，实施精准识别、精准帮扶、精准管理、精准考核的扶贫开发模式。一般来说，精准扶贫主要是就贫困居民而言的，谁贫困就扶持谁。具体地说，就是政府、市场主体和各类社会力量共同参与，重点培育贫困对象自我发展生产的能力，从而达到改善贫困对象生产生活的目的。根据不同贫困对象的致贫原因、所具有的要素禀赋、发展意愿及市场需求，统筹各类帮扶资源，制定并实施最优化的帮扶计划，从而达到解决扶贫对象自我发展难题。

2. 精准扶贫对世界的实践贡献

新中国成立以来，我国成为全球率先完成联合国千年发展目标的国家，我国的农村扶贫开发取得了显著的减贫成就。我国扶贫开发为世界减贫事业做出了重大贡献，加快了全球全面减贫。国际社会也高度评价了我国扶贫开发经验。我国举办的一系列国际减贫会议，也为国际交流减贫经验提供了良好的平台。亚洲开发银行副行长范林登强调："中国作为世界最大的发展中国家和人口最多的国家，应以更积极的姿态参与国际扶贫，将有力推动全球减贫进程，中国自身也将从中受益"。

我国的扶贫模式主要有以下特点：第一，政府重视是成功减贫的基本保证。中央以及地方政府一直将减贫工作作为国家实现现代化的重要组成部分，并致力于将经济发展的成果转化为社会成员都能分享的财富；第二，制度创新是成功减贫的前提条件。中央以及地方政府不断进行体制的创新、政策的完善，逐步形成了农村不断减贫的制度体系和政策框架；第三，社会广泛参与是成功减贫的坚实力量。各级政府通过多种形式鼓励全社会各方力量参与扶贫工作，广泛营造推进扶贫工作的舆论氛围；第四，素质提高是成功减贫的关键因素。长久、根本的扶贫开发工作离不开解决贫困人群的观念与素质问题，素质提高是扶贫"造血"的关键所在；第五，市场机制是成功减贫的重要杠杆。市场规律是经济运作的基本方式，运用市场规律进行扶贫项目开发，既能考虑到扶贫主体的利益问题，使扶贫工作可持续进行，又能调动贫困人群自力更生的积极性，实现扶志扶本的目的；第六，精准化是成功减贫的核心思想。一是精准识别，通过贫困户建档立卡信息系统，把扶贫目标精确到人到户，在建档立卡信息系统中，每个贫困人员的教育水平、家庭条件、享受的公共服务以及个人发展意愿等信息都将被采集。二是精准帮扶，根据贫困成因选择不同的帮扶措施，通过发展生产、易地扶贫搬迁、生态补偿、发展教育、社会保障等，进行有针对性的有效帮扶。三是精准管理，在项目安排、资金使用、因村派人、脱贫成效等方面做到精细化运作。四是精准考核，通过建立贫困人口脱贫退出机制，完善贫困县考核与退出机制，强化精准扶贫政策实施的效果。

精准扶贫是全球贫困治理的中国智慧。从全球范围看，发展中国家致贫原因多样，贫困问题复杂。因此，面对复杂的贫困问题，简单的减贫措施或单一的扶贫力量很难化解现阶段的贫困困境。精准扶贫思想具有很强的针对性、政策性和实践性。在贫困治理中，精准扶贫理论科学地回答了“扶持谁”“谁来扶”“怎么扶”“如何退”等重大问题。注重扶贫的综合性与精准度相结合，制定综合性扶贫脱贫思路。因此，中国作为最大的发展中国家，以精准扶贫理念为指导的贫困治理经验与实践为全球贫困治理，尤其是发展中国家反贫困，提供了很多可借鉴的经验。

第三章　精准扶贫政策设计分析

2020年我国要全面实现小康社会，这是党对全国人民的庄严承诺，全面建成小康社会重点和难点在贫困地区和贫困人口脱贫致富。现阶段我国扶贫开发工作已进入攻坚决胜时期，时间紧迫，任务艰巨，党和政府下大决心、花大力气坚决打赢扶贫攻坚这场硬仗，扶贫地区省级党委、政府向中央签署脱贫责任书，并组织省内各级党委政府层层落实扶贫责任制。在中央统筹、省级负总责、市级监督落实、县级抓落实、乡级执行的五级工作联动机制下，推动建立贫困地区党委领导、政府主导、群众主体、社会参与的工作格局，整合行业和社会资源，采取有力举措，全力以赴，实现脱贫目标。

一、精准扶贫的责任体系

党的十九大报告强调，中国特色社会主义制度的最大优势是中国共产党领导。在精准扶贫中要坚持党的领导，坚持“中央统筹、省负总责、市级监督落实、县乡抓落实”的工作机制，强化党政一把手负总责的责任制。这种扶贫责任体系符合我国国情和精准扶贫工作实际，有利于充分发挥社会主义国家制度优势和政治优势，有利于高效推进扶贫开发工作。

扶贫责任体系中，党中央、国务院主要负责统筹制定扶贫开发工作大政方针，出台重大政策举措，规划重大工程项目，统筹解决省与省之间因发展不平衡带来的贫困问题；省（自治区、直辖市）级党委和政府对当地扶贫开发负总责，做好扶贫政策制定、扶贫项目规划、扶贫资金投放、组织干部动员、工作监督考核等总体运筹工作；市（地）级党委、政府负责做好上下衔接、域内协调、监督检查等工作，重点解决贫困县脱贫问题。县级党委和政府承担主体责任，负责做好精准扶贫进度安排、项目落地、资金使用、人力调配、推进实施等工作；乡党委政府是扶贫开发工作的直接执行者，是落实扶贫政策的基层责任政府，主要职责是将扶贫政策、扶贫资金和扶贫项目落实到村、落实到户，解决本地区贫困问题。

各级党委政府要严格落实精准扶贫责任制，签订扶贫责任书，明确扶贫工作职责和扶贫工作任务，定期对落实情况进行考核监督。一是切实贯彻执行扶贫开发逐级问责制，对年度扶贫开发工作进行不利的部门和地区，扶贫开发领导小组可以提出责任追究建议。二是贯彻执行扶贫成效考核办法。按照党中央、国务院《关于省级党委和政府扶贫开发工作成效考核办法》要求，党委、政府要针对扶贫开发过程设置考核指标，注重工作成效考核。考核工作应当坚持程序公开、群众监督、结果导向、奖罚分明，严格落实责任追究，促使省级党委政府履行扶贫开发总责，推动实现脱贫目标。三是做到精准扶贫到户，责任到人。贫困地区省、市、县扶贫开发领导小组组长要由党政主要负责同志担任，强化扶贫开发政策制定、决策部署、统筹协调、考核落实、监督检查等职能，乡镇领导班子要有专人负责扶贫开发工作，做到每个贫困村都有驻村工作队、每个贫困户都有帮扶责任人。向贫困村派驻扶贫工作队是实施精准扶贫的重要机制，精准扶贫被比喻为“滴灌”，而驻村工作队帮扶则被比喻为实现“滴灌”的“管道”，扶贫工作队是否能有效地开展工作是受助人能否实现精准脱贫的关键。[①]

二、扶贫与扶志、扶智

2014 年 5 月，习近平总书记在对毕节地区扶贫经验的批示中指出：“贫困地区发展要靠内生动力”。[②] 一般来说，贫困包含物质匮乏和精神贫乏，导致贫困的因素有：一是资源短缺，包括物质资源、文化资源以及社会资源等；二是方法、途径、能力以及机会的欠缺。在这些导致贫困的众多因素中，能力欠缺是主要原因，培育村民的自我发展的能力是形成扶贫开发内生动力的主要途径。

1. 扶贫与扶志

扶贫必先扶志。“志”就是志气，是人们认识世界和改造世界的主观能动性，“扶志”就是要把贫困群众主动脱贫的志气“扶”起来，提高脱贫致富的主观能动性，调动贫困群众生产生活积极性，改变懒惰、不思进取、“等靠要”等保守落后思想。2013 年 11 月 3 日习近平总书记在湘西考察强调“脱贫致富贵在立志，只要有志气、有信心，就没有迈不过去的坎”，2015 年在减贫与发展高层论坛上习近平总书记指出：“我们坚持开发式扶贫方针，要把发展作为解决贫困的根本途径，既扶贫又扶志，调动扶贫对象的积极性，提高其发展能力，发挥其主体作用。”[③]

在一系列扶贫政策帮助下，形成了一些贫困群众以贫困为荣，理

① 高满良．精准扶贫背景下驻村扶贫工作队的建设路径研究［J］. 农村经济与科技 .2016（12）：213.

② 《人民日报》，2017 年 1 月 3 日，05 版。

③ 《人民日报》，2015 年 10 月 17 日，02 版。

所当然地享受政府救济，出现了“贫困有理”“贫困有利”的思想观念，这些贫困户不想办法脱贫致富，养成“等靠要”的不良风气，并具有代际传递的特征①，对扶贫工作正义性构成极大的挑战。扶志需要：一是识别好“扶志”对象“失志”的原因。扶贫对象“等靠要”的思想实际上是消极安于现状、不敢冒风险的状态，这可能是多种原因导致的结果，不能一概归结为懒惰或者不思进取。大部分扶贫对象实际都有脱贫致富的愿望，要根据具体问题具体分析；二是贫困地区政府要有所作为。某些贫困地区扶贫对象安于现状，“等靠要”的思想部分来源于地方政府的“等靠要”，例如某县被确定为国家级贫困县，居然在政府网站上发布“特大喜讯”，这种“上行下效”的行为导致贫困对象脱贫意愿不强。地方基层政府要摒弃“等靠要”的消极想法，寻找和其他地区的差距，根据比较优势和地区特色，采取针对性有效措施，积极开展扶贫工作；三是完善扶贫制度设计。比如有的贫困地区，为按时完成减贫任务，注重短期成效明显的物质帮扶，将针对贫困对象的财务捐助成为主要的扶贫方式，以援助资金投入量作为考核要求，然而过高的援助标准和无责任的救济不仅让其他村民感到不公平，也容易导致“等靠要”思想。政府要设计多种“有责任”的扶贫救济方式，例如设置公益岗位并进行补贴，既让受助者获得心理满足，也能提高社会收益，避免出现不公平的现象。

2. 扶贫与扶智

扶贫必扶智。2015年，习近平总书记在减贫与发展高层论坛上强调，“授人以鱼，不如授人以渔，扶贫必扶智，让贫困地区的孩子们接

---

① 刘彦随，周扬，刘继来．中国农村贫困化地域分异特征及其精准扶贫策略［J］．中国科学院院刊.2016（3）36：270–272.

受良好教育，是扶贫开发的重要任务，也是阻断贫困代际传递的重要途径。”[①]扶智就是扶知识、扶技术、扶思路，是扶贫对象的综合素质的提高，这体现了扶贫对象的内生动力，脱贫致富的过程是改变人的过程，靠着外界资金救济，即使可以暂时脱贫，但其贫困根源仍旧存在，脱贫致富能力仍旧缺乏。

扶贫开发要注重提升扶贫对象自我发展能力。当今知识经济时代，能力欠缺主要源自于知识与技能的贫瘠。新增长理论将知识和人力资本引入经济增长模型，认为知识和人力资本积累不仅自身可以促进经济增长，而且可以使其他投入要素的收益增加，实现总的规模收益递增。自我发展能力体现个人多方面综合能力，是物质资本、人力资本和社会资本积累情况的总体性反映。实现人的自我发展能力提升实际上是促进人的成长与发展的过程，不是一蹴而就的事，正所谓“十年树木、百年树人”，要避免“拔苗助长”，“精准扶智”就是摸清贫困对象实际状况，因势利导，根据致贫原因及对象特点，进行精细化管理，既要有收入、教育、医疗等方面的资金补助，也要有提高扶贫对象内生动力、培育自我发展能力的长期计划。从贫困人口看，主要在于人力资本的积累与发展，要加大教育培训，开展农村基础性教育、技能培训、就业及择业培训、岗前培训等，提高创造机会、发现机会、把握机会、勤劳致富的能力。同时，要靠实践探索与历练，不断培养自我发展能力。从贫困地区看，当地政府要充分发掘资源优势，立足产业特色，建设地区品牌文化，调动贫困人口投入生产的主动性和积极性，提高地区企业竞争力，增强贫困地区造血能力。

只有真正把自我发展能力的提升贯穿于精准扶贫全过程，由单纯物质帮扶为主转为注重贫困地区教育投入、文化建设等，不断提高人力资

① 《人民日报》，2016年7月24日，05版。

本积累，精准扶贫才真正找到了病根、抓准了痛点，才能切实地起到标本兼治效果，进而走上持久脱贫道路。

三、精准扶贫的“六个精准”要求

2015年6月习近平总书记在贵州调研扶贫工作，强调精准扶贫的要点在“六个精准”，即扶持对象精准、项目安排精准、资金使用精准、措施到户精准、因村派人精准、脱贫成效精准。通过对扶贫对象精准管理，根据扶贫对象实际情况落实各项扶贫优惠政策。

1. 精准识别扶贫对象

精准识别扶贫对象是指对贫困户的识别，这是实现精准扶贫最初也是最为重要的一步，是精准扶贫工作开展的前提和基础，只有精准识别扶贫对象，才能进一步“微操作”，采取切实针对性措施实现精准脱贫。精准识别就是通过科学有效的程序将贫困户识别出来，并逐村逐户建档立卡，明确扶贫对象。

识别贫困人口作为政策对象，是一项艰巨的工作。在识别贫困人口中存在诸多困难，一是单一的收入标准难以准确反映贫困程度。我国贫困人口标准设定较为单一，主要将收入水平作为贫困户的识别线，目前绝对贫困标准为年人均纯收入2300元（2010年不变价）以下。将收入水平作为识别贫困程度的标准具有直观、可比较的优势，但不能充分反映收入之外其他维度的贫困状况，如能力贫困，或是因学、因病、因婚致贫等情况，在一定程度上容易出现难选、漏选问题。二是有的县、乡镇、村开展贫困人口识别过程中，出现过失或恶意排斥。过失排斥指识别的人员由于操作能力不足等原因造成精准识别困难的客观排斥现象。

恶意排斥指识别的人员不严格执行相关要求，私亲厚友，人为分配贫困指标的现象。贫困人口的认定通常经过主动申请、资格审查、民主评议等环节，每个环节都容易出现恶意或过失排斥，导致部分真正的贫困户被排斥在扶贫政策之外。乡村内平均主义思想对扶贫资源实际分配产生影响，有村民认为分配不公威胁上访，而乡镇村干部出于维稳目的，往往采用轮流享受扶贫政策补贴的方式。基于这些问题，在精准扶贫的识别中，建议将识别标准从单一的家庭收入衡量转换为多维贫困指标衡量，以提高人的自我发展能力为帮扶目的，坚持自上而下的科学识别和自上而下的民主认定相结合的精准识别原则，通过真实的数据和相应的贫困事实，落实精准识别。

2. 精准安排项目

精准识别扶贫对象后，需要建档立卡，填写基本信息，录入贫困户信息管理系统，找准致贫原因，根据贫困人口的实际需要进行针对性的项目帮扶。为了做到对贫困对象状况的有效掌握，要做到实时更新信息，实施动态管理，做到脱贫则出，返贫再进，有进有出，进出有据，确保扶贫对象“不脱靶”。根据全国扶贫开发建档立卡数据分析报告（2015），疾病、缺资金、缺技术、缺劳力是贫困户主要的致贫原因，42.1% 的贫困农户因病致贫，35.5% 的贫困农户因缺资金致贫，22.4% 的贫困农户因缺技术致贫，16.8% 的贫困农户因缺劳力致贫。致贫因素在区域之间存在明显的差异，东部地区贫困人口致贫原因主要为人力资本因素，因病因残致贫、缺劳力致贫的比例在东部地区最高，58.1% 的农户存在因病致贫的现象。中部地区因病致贫和缺资金致贫的问题最为突出，分别为 51.6% 和 28.9%。西部地区致贫因素更加复杂和多样化，既有地理、生态和自然资源的因素，也有经济和社会发展不足的影响，还有家庭人力资本不足的限制，西部44.9%的农户存在缺资金致贫的现象，缺技术、缺土地、因灾、因学、自然条件艰苦、交通条件落后等因素致贫的比例在西部地区都是最高的。[①]

针对贫困户的帮扶项目必须是综合性的。绝大多数贫困户的致贫原因往往不止一个，是多个致贫因素综合作用的结果，例如自然条件恶劣的地区交通基础设施落后，自然灾害频发，往往缺乏必要的教育和技术，均可导致贫困，致贫原因多且复杂，因此要在找准每一个贫困户致贫因素的基础上，根据地区特点、贫困户特点，综合性采取合适项目精准扶贫，这就需要对地区、家庭和个人进行分类管理，以短期帮扶和长期计划项目相结合，进行精准帮扶。例如，对于有劳动能力的贫困家庭，通过加强教育和培训提高自我发展的能力，同时帮扶就业和扶持家庭的产业发展来增加收入。对于完全或部分丧失劳动能力的贫困家庭，通过资产收益扶贫和社会兜底保障来保证其基本生活，并通过医疗保险和医疗救助维持其基本的健康状况。对于生产和生活环境恶劣，难以通过改善环境提高生产生活能力的贫困人口，重点通过异地搬迁来解决基本生存条件问题，并重点扶持搬迁后的生产和就业。为阻断贫困代际传递，还要持续帮助解决儿童营养、健康和教育问题，培育良好成长环境。

3. 精准使用资金

由于致贫因素的综合性和复杂性，贫困农户通常需要多方面的扶持，例如，除了产业项目外，还需要培训和教育扶贫、劳务输出、医疗扶贫、社会保障、生态保护等，这就需要对各个行业部门的资金进行整合，以便于综合扶持。此外，还需要给予地方基层政府一定的资金使用

---

① 中国人民大学反贫困问题研究中心．全国扶贫开发建档立卡数据分析报告［R］.2015.

自主权，因为如果扶贫资金的管理方式缺乏灵活性，资金用途、使用方式、发放标准规定过死，会导致一些贫困户需要的项目没有资金来源，不需要的项目却安排了资金，大大降低了扶贫资金的使用效率。因而，了解贫困村和贫困户的地方基层政府必须获得一定的项目和资金自主使用权，可以根据村、组、户的实际情况，因村施策、因人施策，针对性使用项目和资金。

4. 精准措施到户

地方政府需要重点探索和建立贫困户的受益机制，保证扶贫效果落实到贫困户，而不是片面强调所有的扶持项目和资金都要到贫困户。以往的扶贫经验表明，即使是贫困户需要的项目，但由于在发展生产中遇到很多技术、资金、市场信息、发展理念上的障碍，让贫困户作为市场参与主体与企业、合作社进行竞争，成功的希望非常渺茫，即使适应下来，他们从事的产业也大多位于产业链的底端，从产业链利润中获得的收益极少。要重点探索如何使贫困户融入现代产业链发展过程中，提高贫困户的市场竞争能力，解决贫困农户经常面临的资金、技能、市场、信息等方面的困难。可以采用“贫困户 + 合作社 + 公司”的组织模式，农村合作社和专业化的公司可以帮助贫困农户解决信息、生产技术、产品销售甚至资金方面的问题，贫困户只需要在公司和合作社的指导下提高产量和保证产品的品质，大大降低了贫困户发展产业的门槛。[①]

针对完全或部分失去劳动能力的贫困家庭，可以实施资产收益扶贫项目，将当地的自然资源、公共资产、土地、林地等资本化入股，由公司、合作社等主体进行经营，贫困户按照股份获得分红收益。资产收益

---

① 汪三贵 刘未．“六个精准”是精准扶贫的本质要求——习近平精准扶贫系列论述探析．毛泽东邓小平理论研究［J］.2016（1）：42–43.

扶贫中，项目经营主体是公司和合作社，贫困户即使不参与项目的经营管理也能直接和间接受益，这种具有长期作用的资产收益项目对于失能和弱能的贫困户是有效的帮扶方式，能够显著提高贫困户生存能力，较大程度弥补现有扶贫措施的不足。

在移民搬迁项目中，重点在搬迁后生活安置，对于有土安置，要根据贫困地区、贫困户特点采取差异化的建房补贴政策，加大用地支撑力度，对建档立卡的贫困户增加补贴，同时通过控制建房标准来降低搬迁成本，在移民迁入地要提供基本的生产和生活条件，满足基本用地需求。对于无土安置，需要对贫困户面对面、手把手进行生产技能培训，确保生产技术精准到户，并提供充足的就业岗位，防止搬迁人口因没有收入来源而陷入新的贫困境地。对于有意进行劳务输出的贫困人口，迁入地要统筹安排各类培训资源，因人而异进行定向式、订单式培训，确保他们至少掌握一项就业技能。[①]解决因病、因学、因灾致贫问题时，措施也要精准到户。

5. 精准因村派人

精准扶贫是一种复杂的系统工程学，需要有强大的组织保障其成功实施，精准扶贫的多数援助项目需要在村一级实施，因此农村基层组织能力是实现精准脱贫的关键因素之一。《中国农村扶贫开发纲要（2011—2020 年）》指出：要“加强基层组织建设。充分发挥贫困地区基层党组织的战斗堡垒作用，把扶贫开发与基层组织建设有机结合起来”，形成“以党建带扶贫，以扶贫促发展”的“双推进”工作模式，把基层党组织建设成为服务于扶贫开发工作的先锋组织。然而由于贫困村经济发展相对滞后，大量劳动力外出就业，留下的村民大都年龄偏

① 汪三贵．习近平精准扶贫思想的关键内涵［J］．人民论坛．2009（30）：54-55.

大，往往是缺乏劳动能力，此外村干部综合素质不高、市场意识不浓、发展理念落后，致使村级基层治理能力长期弱化，这也是导致贫困状况严重的重要原因[①]，给精准扶贫工作的落实带来挑战。

在贫困村派驻第一书记作为开展精准扶贫工作的责任人和领头人，派驻扶贫工作队，把当地的扶贫工作开展情况纳入工作考核之中，可以在短期内大幅度提高贫困村的基层管理水平，有利于精准扶贫工作的实施。2015 年 6 月 18 日习近平总书记在贵州考察时提出："在精准扶贫工作中，要做到因村派人精准（第一书记），选派扶贫工作队是加强基层扶贫工作的有效组织措施，要做到每个贫困村都有驻村工作队、每个贫困户都有帮扶责任人。工作队和驻村干部要一心扑在扶贫开发工作上，有效发挥作用"[②]"选派政治素质高、工作能力强、熟悉三农工作的干部任贫困乡镇党政的主要领导"[③]"鼓励和选派思想好、作风正、能力强、愿意为群众服务的优秀年轻干部、退伍军人、高校毕业生到贫困村工作"。[④]

通过建立工作队驻村帮扶制度，可以有效促进精准扶贫工作，一是可以协调化解出现的矛盾，帮助提高贫困户的识别准确率；二是协助村干部建立有效的扶贫到户机制，让贫困户切实受益；三是利用帮扶单位和个人的社会力量，动员更多的资源用于精准扶贫；四是科技扶贫干部可以普及实用技术，为产业进行技术支持；五是可以有效监督精准扶贫工作的开展，防止恶意排斥、腐败行为、弄虚作假等现象的发生。

① 汪三贵 刘未．"六个精准"是精准扶贫的本质要求——习近平精准扶贫系列论述探析．毛泽东邓小平理论［J］.2016（1）：42–43.

② 《红旗文摘》杂志，2016 年第 2 期。

③ 《人民日报》，2017 年 1 月 27 日，04 版。

④ 《人民日报》，2017 年 8 月 16 日，07 版。

6. 精准脱贫成效

精准扶贫目的就是要使现有标准下的贫困人口到2020年全部脱贫，并且要保证扶贫成果真实可靠，实现“真脱贫”。这需要建立科学的扶贫成效考评体系，正确评估脱贫效果，这是推进精准扶贫、精准脱贫各项政策措施落实的重要抓手，防止“假脱贫”和“真返贫”发生。

建立科学的精准扶贫成效评价指标体系需要自上而下和自下而上相结合，既需要上层制度安排，也需要基层实践配合，需要综合多维贫困理论，合理确定贫困人口的各项表现因素，根据国家贫困治理体系总体规划，以提高人的自我发展能力为主线，坚持“扶真贫、真扶贫、真脱贫、不返贫”的扶贫原则，同时兼顾一线干部和扶贫对象的直观感受，科学合理设立评价指标，使贫困人口享受发展成果，增强获得感和幸福感。要围绕扶贫政策精准落实情况、扶贫责任制完成情况、结对帮扶情况、教育培训实施情况、基础设施建设情况等方面进行前后对比，严格考核脱贫成效。

四、精准扶贫的“五个一批”路径

2015年10月16日习近平总书记在减贫与发展高层论坛上提出了通过扶持生产和就业发展一批，通过易地搬迁安置一批，通过生态保护脱贫一批，通过教育扶贫脱贫一批，通过低保政策兜底一批的“五个一批”工程。在具体实践中，各个地方结合当地实际，在实施“五个一批”工程的同时，还探索“五个一批”以外的脱贫方式，丰富了精准扶贫路径。

1. 产业脱贫

产业脱贫是精准扶贫的主要手段，是提升扶贫对象内生动力的关键。产业脱贫一般是指贫困人口立足当地自然资源禀赋，发展特色产品，从而形成具有区域优势的特色产业，实现创收增收。实施产业脱贫，一是要选准优势产业。贫困地区要根据本地区自然资源条件、生产条件、产业发展状况等，立足地区特色，发展带动能力强、辐射范围广的产业。因地制宜，宜种则种、宜养则养、宜商则商。同时，加强"互联网 +"与当地特色产业的结合，实现产业融合发展；二是强化基层组织引导。贫困村和贫困户脱贫致富，离不开基层党组织领导，要积极提高基层组织管理能力，提高贫困户在产业发展中的组织化程度，积极引入各式专业合作社，强化贫困户与企业、合作社、大户的合作，完善"贫困户 + 合作社 + 企业""贫困户 + 基地 + 企业"等模式，坚持"以企带村、以村带社、以大户带贫困户"，使贫困村、贫困户更好地融入产业链中；三是加强贫困人口教育培训。要对贫困人口进行分类，根据不同年龄阶段、不同文化层次、不同劳动能力等，针对性实施培训计划，确保培训内容适用、能用、好用，切实提高贫困人口就业能力；四是促进产业发展落实到户。实施产业扶贫政策，要因村施策、因人施策，根据个人劳动意愿，提供资金、信息、技术、服务等方式，有针对性引导贫困户参与产业发展。同时下达专项扶贫基金，加强基础设施建设及技术投入，对能直接带动贫困户稳定增收的农产品种植、养殖、加工等项目加大投资力度，实现规模收益。

2. 劳务输出脱贫

"就业一人，脱贫一户"，自国家打响扶贫攻坚战以来，劳务输出在精准脱贫中成效显著。从中西部地区集中连片深度贫困地区的扶贫实践看，呈现出“短期脱贫靠打工、中期脱贫靠产业、长期脱贫靠教育”状况。目前，我国企业用工成本不断增加，东部地区企业正由劳动力密集型向资金密集型转变，相应的越来越需要较高技术含量的技工。同时，我国步入老龄化，新增劳动力增长速度越来越缓，劳动力正从无限供给向有限供给转变，贫困地区外出务工人员已成为新增进城务工农民主力。贫困地区农民可以发挥后发优势，经过政府、企业针对市场需求的精准培训，走技能脱贫的新路。在经济转型发展中，进城务工农民出现了“三新”变化，大量的新生代进城务工农民投身快递和家政服务业等新业态，大批优秀进城务工农民正在成长为新工匠，进城务工农民返乡创业催生新“城归”。对“三新”进城务工农民，需要精准施策，释放能量，促进精准扶贫精准脱贫。

要实施贫困地区扶贫特殊培训计划，针对新增农村年轻劳动力，鼓励贫困乡村与企业直接对接培训，打造“扶贫车间”，使贫困地区劳动力经过直接培训成为产业后备工人。针对有一定技术能力的中生代农民工，可以探索突破传统的职业技能鉴定路径，采取技能竞赛方式，先评定技术职称，再补缺失的文化课。贫困地区职业技术学校和培训机构要根据本地外出务工人员流向，开设家庭服务、快递、农村电商和乡村旅游等专业培训，为就业量大的新业态提供人力资源支撑。针对返乡创业的新“城归”，提供专项扶贫创业资金进行支持，当地政府协调提供技术、闲置厂房等生产要素，降低创业成本，将提供财政补贴的“输血”扶贫，变成提高自我发展能力的“造血”脱贫。[①]

① 杨志明．劳务输出脱贫从输体力转向输智力［N］．人民政协报，2017-09-28，003版．

3. 异地搬迁脱贫

异地搬迁脱贫是实施精准脱贫的重要手段，“十三五”期间要实现1000万贫困户易地扶贫搬迁，这是一项浩大工程，需要解决的困难很多，是一场硬仗。针对自然环境恶劣、就地脱贫困难、返贫率高的地区实施异地搬迁，要按照群众自愿、规模适度、梯度安置的原则，其出发点和落脚点是使贫困人口从“一方水土养不了一方人”的地区搬迁到“一方水土养得了一方人”的地区，从而实现脱贫致富。

实施异地搬迁脱贫，首先要科学制定规划，扎实推进搬迁工作。根据扶贫对象区域特点，对于存在安全隐患、资源匮乏、基础设施配套艰难、大型工程需要移民的区域，科学制定搬迁计划，按照整体迁出、集中安置的原则，建设中心村、产业园区配套等基础设施，改善生产生活环境，提升自我发展能力。[①]其次，要强化到户扶持，做好后续保障。异地搬迁脱贫最重要的是做好搬迁后的产业扶持，要培育好迁入地产业发展，提前做好产业规划，对有劳动能力的贫困户提供相应的生产技能培训，手把手、面对面培训到位，并提供充足的就业岗位。此外，还要对贫困户一对一结对帮扶，制定切实可行的脱贫规划，根据贫困户特点采取多种措施实现产业增收，真正做到“实施一个搬迁项目，安置好一方群众，实现一方人脱贫”。

4. 教育脱贫

“扶贫必扶智，治贫先治愚”，教育扶贫是精准扶贫的基础性工程和根本性工程。[②]扶贫的根本目的是解放和发展贫困地区的生产力，保障

---

① 鹿心社 . 精准扶贫是全面建成小康社会的重要抓手［J］. 老区建设，2016（01）.

② 胡蝶 . 扶贫必扶智：教育精准扶贫是摆脱贫困的内生动力［J］. 改革与开放，2016（12）：85.

贫困地区实现经济可持续发展，发展生产力关键是提高劳动生产效率，实质是要加大人力资本投入，提高劳动者素质，提升贫困户自我发展的能力，而教育正是提高贫困人口素质、摆脱地区贫困面貌的根本途径。

教育脱贫就是要提高贫困地区整体人口素质，切断贫困代际传递规律，从根本上提升地区竞争力。基础教育方面，在贫困地区加强基础设施建设，改善办学条件，加强乡村教师队伍建设，普及基础性教育，提升整体教学水平，推动基础教育优质均衡发展，同时建立健全帮助留守儿童健康成长的体制机制，家长和学校实行联动，社会力量广泛参与，多方合力多措并举，共同促进留守儿童身心健康成长；高中教育方面，加强教育经费投入，扩充优质教育资源，推动普通高中教育发展；职业教育方面，开展需求量大、就业面广的劳动技能培训，依托职业教育提升贫困劳动力就业创业能力，充分发挥高校服务市场功能，增强群众脱贫致富本领；少数民族教育方面，少数民族聚集地区由于条件大多艰苦，要继续深入对民族地区教育特殊支持，持续加大政策倾斜力度，有针对性提高少数民族地区教育水平，促进教育公平。

5. 医疗保险和医疗救助脱贫

医疗保险和医疗救助政策是主要针对城乡最低生活保障对象和低收入家庭中的老年人、未成年人、重病患者、重度残疾人以及政府认定的其他困难对象等提供医疗救助。为防止因病致贫、因病返贫，一是要实现应保尽保，全民医保。对贫困村、贫困户全面覆盖新型农村合作医疗和大病医疗保险制度，不断加大贫困人口政策倾斜力度，提高医疗报销比例，同时精准识别因贫未能参保的人群，对缴不起保费而未能参保的人员，采取部分代缴或全额资助缴费的方式，将其纳入医疗保险体系；二是要充分发挥多层次医疗保障制度功能。医疗保障制度包括基本医疗保险、大病保险、医疗救助、社会慈善等内容，各制度间既有区别，又有联系。基本医疗保险是医疗保障扶贫工作的第一道门户，病人先按基本医疗保险报销有关费用后，再根据自付金额数量参加大病保险或医疗救助，要维护各医疗保障制度的独立性和平衡性；三是要精准管控医保扶贫过程。扶贫部门要与医疗部门联合建立信息联网平台，为每个贫困户建立动态管理的电子健康档案，及时发现贫困人口医疗支出和保障需求的变化，确保医疗保险政策的有效实施和医保基金的合理使用，及时调整贫困人口进入与退出。还要关注那些贫困边缘人群和健康风险较高的人群，推动实现贫困家庭与当地医院、卫生院建立一对一签约医生服务。

6. 生态保护脱贫

贫困发生和贫困程度与当地生态环境状况存在着密切的关系，越是自然资源匮乏、生态环境脆弱的地区，越是容易产生贫困，两者在地理空间分布上具有较高的一致性。贫困地区居民在巨大的生存压力下，不得不对自然资源进行掠夺式开发和经营，长期维持在低生产水平上，加上环保意识缺乏以及环境整治力度薄弱，反过来加剧了生态环境恶化，形成了“脆弱生态——贫困——破坏生态——更脆弱生态”的恶性贫困循环。

精准扶贫要走生态保护脱贫之路。目前我国大多数贫困人口分布在自然保护区或生态环境脆弱区域内，既要实现贫困群众脱贫致富，又要避免生态环境遭到破坏，在生态保护中实现脱贫发展，在脱贫发展中保护好生态。一是要保护生态健康脱贫。环保部门要加大政策支持力度，支持当地有劳动能力的贫困人口转为生态保护员，通过维护生态健康，提升当地贫困人口收入水平，实现脱贫致富；二是要发展生态产业脱贫。以生态系统承载能力为前提，发展生态产业，强化资源回收利用，将污染、废物排放量维持在生态修复能力范围内。积极发展生态农业、生态工业、生态旅游、生态服务业，在生态环境脆弱或保护区内形成生态产业链，严控资源消耗大、环境污染重的工艺、技术、设备使用。

7. 资产收益脱贫

在《中共中央国务院关于打赢脱贫攻坚战的决定》中，将探索资产收益扶贫作为精准扶贫的重要手段，指出："在不改变用途的情况下，财政专项扶贫资金和其他涉农资金投入设施农业、养殖、光伏、水电、乡村旅游等项目形成的资产，具备条件的可折股量化给贫困村和贫困户，尤其是丧失劳动能力的贫困户。资产可由村集体、合作社或其他经营主体统一经营。要强化监督管理，明确资产运营方对财政资金形成资产的保值增值责任，建立健全收益分配机制，确保资产收益及时回馈持股贫困户。支持农民合作社和其他经营主体通过土地托管、牲畜托养和吸收农民土地经营权入股等方式，带动贫困户增收。贫困地区水电、矿产等资源开发，赋予土地被占用的村集体股权，让贫困人口分享资源开发收益。"

资产收益扶贫，主要针对自主创收能力受限制的农村贫困人口，比如丧失劳动力而无法劳作的农民，目的在于把细碎、分散、沉睡的各种资源要素转化为资产，整合到优势产业平台上，拓宽贫困人口增收路径，实现脱贫致富。目前各地区试行的资产收益扶持制度主要是利用专项扶贫资金或当地部分优质资源要素作为贫困人口入股股份，参与生产合作社、专业大户和企业等新型经营主体的生产经营和收益分红，以增加贫困人口财产性收入。这种模式改变了财政涉农资金直接供给和使用机制，丰富了村民与当地产业发展利益联动机制，帮助了无劳动能力或弱劳动能力的贫困户精准脱贫。这种模式运行过程中，要注意可能出现的如产业发展不畅无利润可分，过于依赖财政扶贫资金，以及经营过程中重利益分配、轻经营风险的倾向等问题。

五、精准扶贫的“三位一体”大扶贫格局

消除贫困是一个系统工程，必须动员全党、全社会各方力量广泛参与。2015 年 11 月 29 日颁布的《中共中央国务院关于打赢脱贫攻坚战的决定》中明确提出要“广泛动员全社会力量，合力推进脱贫攻坚”。党的十九大报告指出：“要动员全党全国全社会力量，坚持精准扶贫、精准脱贫。”2018 年 2 月 12 日习近平总书记在成都主持召开打好精准脱贫攻坚战座谈会上指出：“必须坚持充分发挥政府和社会两方面力量作用，构建专项扶贫、行业扶贫、社会扶贫互为补充的‘三位一体’大扶贫格局，调动各方面积极性，引领市场、社会协同发力，形成全社会广泛参与脱贫攻坚格局。”[①]

1. 专项扶贫

专项扶贫是指国家安排专项扶贫资金，由地方各级政府和相关扶贫部门组织实施，主要是致力于扶贫治理中的贫困人口脱贫攻坚，通过集中扶贫资源改善基础设施、增强人口素质、发展特色富民产业。扶贫项目一般包括产业扶贫、异地扶贫搬迁、整村推进、以工代赈、就业促进项目开发以及革命老区建设等。通常专项扶贫是中央和地方政府共同合作致力于大范围扶贫开发，是脱贫攻坚的主战场，也是扶贫项目最多、

① 《人民日报海外版》，2018 年 8 月 29 日，05 版。

财政预算资金投入最多的领域。

2. 行业扶贫

行业扶贫主要是指行业主管部门结合部门职能，为改善贫困地区的发展环境和脱贫条件，在扶贫政策、项目规划、资金预算等方面对贫困地区予以倾斜，行业扶贫是开展精准扶贫的重要措施和政策保障，是我国扶贫政策体系的一个重要支撑。通常包括完善基础设施、发展特色产业、开展科技扶贫、发展教育文化事业、改善公共卫生和人口服务管理、完善社会保障制度、重视能源和生态环境建设等。行业扶贫是扶贫开发的重要辅助力量，贫困地区各相关部门都拟定扶贫计划、投入扶贫资金，从本质来讲，行业扶贫属于政府扶贫的一部分。

3. 社会扶贫

社会扶贫是指动员和组织中央、省、市、县各级国家机关、军队和武警部队、企业、个人等各方面社会力量参与贫困地区的开发建设。社会扶贫一般分为机关单位定点扶贫、东西部扶贫协作、军队和武警部队就近扶贫以及企业和其他社会力量扶贫。社会组织在扶贫实践中，往往以边缘群体、弱势群体为帮助对象，以扶贫对象最关切的需求为导向，以提高人的自我发展能力为目的，以参与式扶贫为主要形式，为特定群体提供所需帮助。在扶贫实践中，社会组织不仅从资金、技术、人力、物力及舆论支持等方面提供帮助，还会引导帮助对象主动参与扶贫项目。

专项扶贫、行业扶贫和社会扶贫构成了国家扶贫战略体系，三者相辅相成，互为支撑，共同促进贫困地区经济社会可持续发展，促进贫困人口脱贫致富，是我国扶贫开发工作的重要创新。

六、精准扶贫中的脱贫长效机制

2016 年 7 月 21 日习近平总书记在银川调研时强调要“真扶贫、扶真贫、真脱贫”，为精准扶贫政策措施明确了目标。精准扶贫政策实施以来，成效显著，但随着容易脱贫的贫困人口陆续脱贫，剩下的大多都是贫中之贫，随着资金投入增加，存在边际效益递减困扰，越到后面脱贫难度越大，脱贫后更容易返贫。有的贫困户脱贫后，具有较高的返贫可能性，被称为脆弱性脱贫，导致脱贫状态难以持续的现象，常常表现为在 3~5 年时间内贫困与脱贫交替出现的状态。这主要是由于这部分群体持续收入较少、自我发展能力较弱，在家庭或个人遇到某些风险时，容易立即返贫。在实际帮扶工作中，由于脱贫任务重，有的地方政府很少考虑不同贫困户的实际情况，帮扶措施往往简化为短期捐款捐物，赠送一些种牛、种羊、果树苗等生产资料，或者改造贫困群体住房，重短期物质帮扶，轻长期能力建设。

因此，要建立健全精准扶贫长效机制，坚决打赢脱贫攻坚战，实现贫困人口脱贫致富不返贫。一是要加强农村基层组织建设。强化基层组织领导班子建设，选派能力强、素质高、责任心重的有为干部担任基层组织领导，加强干部人才队伍建设，完善党员干部扶贫开发工作培训和考核制度，提高基层组织战斗力。脱贫条件困难的贫困村可探索“扶贫工作队”长久驻留机制，实现贫困群众不真脱贫不撤离，加强贫困群众“造血”功能；二是要建立教育扶贫长效支持机制。教育和科技在贫困地区长久脱贫中起到强大支撑作用，要常态化实施文化知识扶贫、职业教育扶贫、劳务输出扶贫、实用技能扶贫等项目，增加公共服务供给，推进农村公共服务均等化，加强产学研合作，实现教育、科研、产业动态衔接，提升地区竞争力；三是要支持产业稳定发展。没有可持续的产业，容易出现“政府前脚扶贫，贫困户后脚返贫”。要根据当地特色和优势，出台贫困村产业发展长期规划，因地制宜，实行“一村一策”，宜农则农、宜工则工、宜商则商。同时，健全资产收益联结机制，比如利用扶贫资金及分散、闲置资产要素作为贫困人口的股份，并以承包土地、林地经营权、闲置房舍、劳动力等入股参与产业发展形式，打造“扶贫车间”，实现资产收益分红；四是要健全健康扶贫机制。对贫困户实行基本医疗保险、大病医疗保险、医疗救助、商业保险相结合的多层次综合保障体系，减少贫困人口因病致贫返贫。

七、精准扶贫中资金使用和管理

习近平总书记在2015年减贫与发展高层论坛上指出“为了打赢这场攻坚战，我们将把扶贫开发作为经济社会发展规划的主要内容，大幅增加扶贫投入。”[①]精准扶贫工作需要扶贫资金的持续灌入，才能开出贫困群众的“脱贫之花”。政府财政资金投入在扶贫资金中占据主体和起主导作用。从市场资源配置角度看，市场竞争导致优胜劣汰，资源自发向效率更高的地区流动，从而富者愈富、强者愈强，为实现市场效率较低的贫困地区脱贫致富，需要政府这只“看得见的手”进行宏观调控，通过设立专项扶贫资金、社会保险救助、加强基础设施建设等手段，将资源向贫困地区和贫困人口进行转移，完成脱贫攻坚任务，同时提高贫困地区市场运行效率，最终实现资源优化配置。从收入分配角度看，初次分配注重效率，二次分配需要财政手段关注公平，因此，要组织社会多方面力量，多措并举提高贫困群众收入。政府要加大对贫困地区和贫

① 《人民日报》，2015年10月17日，02版。

困人口的财政转移支付和直接补贴，缩小同发达地区的收入差距。[①]金融扶贫是精准扶贫攻坚克难的重要保障，创新金融信贷支持模式，有利于提高贫困户人力资本，提升贫困对象自我发展能力，促进贫困地区区域经济可持续发展。社会扶贫资金是扶贫资金的重要来源，要通过财政资金撬动更多社会扶贫资金投向贫困地区及扶贫项目。

要实现2020年现行标准下贫困人口全面脱贫，政府需要继续加大中央政府及地方政府的专项扶贫资金、支农资金投入，加强贫困地区交通、农业、水利、教育、文化等基础设施建设投入，将更多的资源投向贫困地区，将更多扶贫项目惠及贫困群众；完善金融扶贫支持机制，最大限度增加金融资金对贫困地区的投放，健全贫困地区信用体系，通过“政府基金拉动、财政贴息助力、政银联手共担、贷款评级授信”的金融扶贫机制，使贫困地区和贫困户便捷使用信贷资金；强化社会力量扶贫资金投入，鼓励政府机关、军队、企业、社会组织和个人积极参与扶贫开发，发挥财政专项资金的杠杆作用，引导全社会力量共同参与产业扶贫。[②]

精准扶贫，不仅要求项目识别精准，更要求资金使用精准，有限的扶贫资金应是“雪中送炭”而非“锦上添花”，要将扶贫资金真正用在提高扶贫对象自我发展能力上，实现贫困地区可持续发展。中共中央、国务院《关于创新机制扎实推进农村扶贫开发工作的意见》要求资金精准下放、精准管理、精准使用。要使基层政府获得对扶贫资金一定的自主使用权，下放部分扶贫项目审批权、资金使用权到县级基层政府，建立县级扶贫资金整合平台，实行扶贫资金、扶贫项目、项目招投标、项

① 杨秋宝.2020：中国消除农村贫困——全面建成小康社会的精准扶贫、脱贫攻坚研究［M］.北京：北京人民出版社，2018年1月.

② 李荣梅.精准扶贫背景下产业扶贫的实践模式及经验探索［J］.青岛农业大学学报.2016（4）28：2~4.

目管理、项目责任“五到县”，建立县级审批、市级备案、省级备查的项目管理制度。在项目操作中要推行规划引导统筹、重点项目主导统筹、奖补资金引领统筹方式，实行跨部门、跨年度、跨层级统筹，实行“大类间统筹、打通使用”的办法，增强资金使用的自主性和灵活性，通过统筹扶持措施、政策叠加等方式，加大帮扶资源投入强度。[①]要加强资金监管，各级政府负责资金和项目监管，适时引入第三方监督机制，对扶贫资金使用情况及时在网上公示，通过上下监督，内外监督，确保扶贫资金精准落地生效。

八、精准扶贫中反腐败与作风建设

习近平总书记强调：惠民资金、扶贫资金等关系千家万户，绝不允许任何人中饱私囊，对贪污挪用的不管涉及谁，发现一起，查处一起，绝不姑息。随着我国扶贫开发进入攻坚阶段，在中央和地方政府及社会各界力量广泛支持下，扶贫资金投入不断增加，一些贪腐的“黑手”伸向了贫困户的“救命钱”。据 2017 年中央纪委公布的数据，2016 年 1 月至 11 月，全国共查处侵害群众利益问题 70369 件，处理 86320 人，其中，扶贫领域腐败问题 13285 件，处理 16487 人。从媒体曝光的各地扶贫腐败案件来看，以吃拿卡要、克扣补贴、虚报冒领、挥霍浪费等为主，腐败案件大多发生在基层地区，这些腐败行为相对于其他的“老虎”“苍蝇”而言，只能算是“微腐败”，但是由于与人民群众直接相关，对基层农民来说危害巨大，并且这些腐败行为大多是基层干部利用职务之便进行，只有利益相关人可以察觉，具有一定的隐蔽性。

为打赢脱贫攻坚战，要全力以赴打击扶贫领域违法违纪问题，加

① 李春明 . 精准扶贫的经济学思考，湖北日报，2015 年 9 月 30 日 .

大腐败问题的查处惩戒力度，借鉴现有廉政风险防控制度成果，完善扶贫领域风险防控的顶层设计，防范风险于未然。首先要确定扶贫领域中腐败风险点，加强扶贫项目实施过程风险评估，对照腐败案例中涉及的部门、环节设立风险点，同时派遣专职人员到基层听取群众意见，综合各方意见确定扶贫领域廉政风险清单，并对外公布，接受群众监督；其次，根据风险清单，加大干部问责力度，加强扶贫项目开发过程中的监督管理，强化扶贫领域干部"不能腐、不敢腐、不想腐的底线意识；再次，持续加大扶贫领域的腐败成本。扶贫项目需要联络多个部门，发生的腐败常常是群体性腐败，必须斩断腐败的利益链条，提高扶贫领域违法违纪成本，例如实施高额腐败罚金制度；最后，在社会监督层面上，应坚持扶贫项目公开、资金流向公开、村务公开制度，接受群众监督。

扶贫领域腐败频发，群体性腐败屡屡出现，部分党员干部落实扶贫政策不坚决不到位，工作中搞官僚主义、形式主义，扶贫开发中贪污挪用、截留私分、弄虚作假、虚报冒领等行为屡禁不止。针对扶贫开发工作作风中出现的问题，2017 年 12 月 8 日国务院扶贫开发领导小组发布《关于开展扶贫领域作风问题专项治理的通知》，明确针对扶贫领域存在的"四个意识"不强、责任落实不到位、工作措施不精准、资金管理使用不规范、工作作风不扎实、考核监督从严要求不够等作风问题展开专项治理，并决定将 2018 年作为脱贫攻坚作风建设年，要求各级政府各部门针对扶贫工作存在的作风问题开展自检自查和专项治理，通过加强学习培训、规范驻村帮扶、改进调查研究、减轻基层负担、完善扶贫开发大数据平台、加强县级脱贫攻坚项目库建设、严格考核评估、查处突出问题 9 个方面开展专项治理，改进工作作风。①

① 姜洁．中央纪委公开曝光八起扶贫领域腐败和作风问题典型案例［N］．人民日报．2018 年 2 月 1 日第 004 版．

第四章　西盟县扶贫开发历史与现状

西盟县位于祖国西南边陲，与缅甸接壤，是全国两个佤族自治县之一，是《阿佤人民唱新歌》的诞生地，是“世界佤族文化保护区”，总面积1353.57平方公里，辖2乡5镇36个村民委员会3个社区368个村民小组，国境线长89.33公里。总人口95606人，其中农业人口75490人，占总人口的78.9%。县内地形复杂，重峦叠嶂，沟壑纵横，自然资源丰富。受孟加拉湾西南暖湿气流影响，县内降雨量丰富，年均降水量1829毫米，县域内海拔在590米~2458.9米之间，由于相对高差达1869.9米，立体气候明显，年平均气温17.8℃。自然植被丰富，森林覆盖率达64.86%，空气中负氧离子含量极高，被誉为“天然氧吧”。因县城建在天然热带雨林湖泊勐梭龙潭湖畔，呈现出“城在林中、林在水中、水在城中”的生态景观，先后被评为“国家重点生态功能区”、国家水利风景县、中国最美休闲度假旅游名县、中国最美生态文化旅游名县、中国最美风景县云南十佳，被誉为“中国生态第一城”。2017年7月，西盟县被国家住建部列入“第二批城市设计试点城市”，是全国被列入的两个县（区）之一。西盟是非常特殊的地区，是典型的民族直过地区、多民族地区、山区、边界地区，不仅发展基础比较薄弱，而且还是素质贫困区。我们选择把西盟精准扶贫作为精准扶贫样本进行分析，是因为她的典型性，西盟作为样本的参考借鉴意义显著。像西盟这样的地区都能够顺利实现精准扶贫精准脱贫，说明中国能够实现精准扶贫精准脱贫。

一、西盟县基本情况

由于特殊的历史和地理原因，西盟县的县情可概括为“国家重点扶持县、少数民族自治县、典型的民族直过县、地处边境一线的边疆县、民族跨境而居的特殊县”。县内居住着佤族、拉祜族和傣族等少数民族，少数民族人口占总人口的94.6%，其中佤族占总人口的71.5%。到建国时，人均纯收入不到60元，排在全省的最末尾，是纯粹的“一穷二白”。为改变贫穷，走共同富裕的路子，历届党委和政府带领全县各族人民开始大力发展农业生产。1956年2月，政协西盟县筹委会会议一致通过西盟县民族区域自治地方采取直接过渡形式过渡到社会主义的决定，实现了没有经历其他社会形态的历史性跨越。当时，试办了7个农业生产合作社，劳动组织形式从松懒散型逐步向统一合作型迈进，农业生产实现了新的增收。不久，云南少数民族社会历史调查组佤族分组到西盟县开展少数民族社会大调查，他们克服了生命危险、疾病侵袭、生活艰辛等，是有史以来，西盟县被外界深入调查、了解、认知，载入史册的一次重大活动。按照中央提出的“调整、巩固、充实、提高”的方针，西盟县将174个农业合作社减缩71个。结合西盟县直过民族地区的实情，国家商业部、财政部批准西盟县为民族贸易企业“三照顾”县。从此，西盟县的农业、商业就开始阔步前行，不少农民依靠资金的力量基本解决吃穿需要。“村村寨寨，打起鼓敲起锣，阿佤唱新歌……”，这首脍炙人口的《阿佤人民唱新歌》缘自西盟县，是解放军某部战士杨正仁在1964年根据佤族民歌创作的，于六七十年代传遍全国。《阿佤人民唱新歌》反映了当时佤族人民生活状态。

由于十年“文化大革命”等“左”的错误干扰，到1976年，饱经风霜的西盟广大农村贫困群众食不果腹、衣不遮体的状况依然严重。改革开放后，广大农民享受到党和政府支农惠民政策，组织投资兴修农田水利、大办教育医疗、救济救灾等扶持政策。1981年，西盟开始实行农村经济体制改革，西盟361个生产队实行家庭联产承包责任制，并深入贯彻落实中央批转《全国农村工作会议纪要》。西盟县不甘落后，奋勇直追。2017年，全县完成生产总值13.54亿元，增长10.5%。规模以上固定资产投资16.9亿元，增长19.3%；地方公共财政预算收入7777万元，增长8.7%；社会消费品零售总额3.0686亿元，增长13%；城镇、农村常住居民人均可支配收入22988元和8900元，分别增长9.5%、9.4%。

二、扶贫面临的主要难题

阻碍西盟县贫困人口脱贫的主要障碍是“一不怕、二偏低、三不高、四滞后、五困难”等困难和问题。

“一不怕”。部分贫困群众存在的“不怕穷”“穷不怕”和“比穷不比富”这一旧的思想观念，有的贫困群众甚至是“以穷为荣”，缺乏思发展、谋发展、干发展的信心和决心。

“二偏低”。人均受教育年限偏低和劳动者素质偏低是群众脱贫的主要短板。一是农民收入普遍偏低。西盟县农民收入中产业支撑收入普遍偏低，政策性转移收入占比高；二是劳动者素质偏低。西盟县1954年才开办小学，1959年才建初中，1972年始招高中，2014年全县人均受教育年限仅达到6.83年。现有劳动者中普遍缺乏一技之长，“不会致富”“不会发展”成为主要短板。

“三不高”。一是部分干部职工工作效率不高。部分干部职工工作中存在“慵、懒、散、拖、混”等恶习，不作为、慢作为现象突出；二是部分贫困群众主动脱贫的积极性不高。群众幸福需求低，存在“小进即满”“小富即安”的思想，“我要脱贫”的观念没有根本确立；三是部分群众满意度不高，西盟县农村贫富差距不是很明显，建档立卡户和非建档立卡户之间收入差距不大，而现行的扶贫政策、扶贫项目针对建档立卡户的多，导致非建档立卡户意见很大，群众满意度不高。

“四滞后”。基础设施建设滞后、支柱产业发展滞后、域内协调联动滞后、社会事业发展滞后是我县脱贫攻坚面临的四大难题。一是基础设施建设滞后。乡村道路硬化、通生产生活用电、通广播电视、村村通宽带、通安全饮用自来水以及农村亮化工程、村寨排污系统建设、垃圾处理、入户路硬化等设施都十分滞后；二是支柱产业发展滞后。有的乡镇缺乏支撑贫困人口持久稳定增收的产业，很多乡镇支柱产业没有做到村村覆盖、户户受益；三是域内协调联动滞后。在实施“一村一品”产业发展的过程中，乡镇与乡镇之间、村与村之间存在“各吹各打”的现象，规模小、质量低、销售难，没有形成区域协调联动发展的态势；四是社会事业发展滞后。农村医疗卫生事业滞后，有的村没有标准的卫生室，执业医生水平低；农村公共文化活动场所建设滞后，没有实现每一个村民小组都有一间文化室和一个标准篮球场，已经建设的场所管理差，使用效率不高；农村教育发展不均衡，学前教育严重滞后。

“五困难”。贫困人口素质提升困难、义务教育均衡发展困难、发展产业带动脱贫困难、特殊人群自主脱贫困难、生产生活方式转变困难，是西盟县农村打赢脱贫攻坚战、实现跨越式发展的最大困难。一是贫困人口素质提升困难。农村劳动者文化素质低，学会一技之长难度大；劳动技能培训覆盖率不高，每户有 1 名以上致富能手、人人掌握基本劳动技能的差距大。二是义务教育均衡发展困难。学校校点布局过于集中，群众在义务阶段的投入（交通费）过大；学前教育发展滞后，农村孩子接受学前教育难。三是发展产业带动脱贫困难。农村有大量的产业空白村空白户存在，没有解决户户都有支柱产业覆盖的问题；产业质量低，提质增效难度大，无法发挥支撑贫困户稳定持久增收的作用。四是特殊人群自主脱贫困难。残疾人家庭、无子女家庭、重病家庭等特殊人群脱贫困难，社会保障兜底脱贫任务繁重；有子女而又分开生活、已经丧失劳动能力的老年人不愿意与子女并户脱贫，子女没有履行定额定期缴纳赡养费的义务，导致分居而又丧失劳动能力的老年人脱贫困难。五是生产生活方式转变困难。大部分群众放不下“吊脚楼、热火塘”和“楼下牛铃响”的情节，对新农村新生活不适应，存在不愿意住新房子的人群；农村封建迷信思想严重，存在有病不就医而要做鬼等现象；粗泛经营、广种薄收的耕作方式依然突出。

三、西盟县扶贫开发历程

国家扶贫工作重点县，俗称国家级贫困县，是中华人民共和国部分实施经济扶持的县级行政区特定称谓。其资格需经过国务院扶贫开发领导小组办公室认定，审批工作在 1986 年、1994 年和 2006 年共进行过三次。少数民族自治地区有着不同的评定标准，称其为民族自治地方国家扶贫工作重点县。确定重点县的主要依据是：贫困人口数量、农民收入水平、基本生产生活条件以及扶贫开发工作情况，适当兼顾人均国内生产总值、人均财政收入等综合指标。1986 年和 1994 年西盟县先后两次被确定为国家扶贫开发重点县。

从西盟县区成立到 20 世纪 80 年代初扶贫方式为救济，1982 年开始有扶贫概念，1982年开始进行“双扶”（扶持烈军属，扶持贫困户）工作，至1985年扶持对象达751户4068人，发放扶持资金14.42万元。1987年3月，西盟县佤族自治县人民政府贫困地区经济开发领导小组及办公室成立，下设办公室，简称“扶贫办”。

党的十八大以来，我国进入全面建成小康社会的攻坚时期，中央把扶贫开发摆在了治国理政的重要位置，扶贫开发进入了巩固温饱成果、加快脱贫致富、改善生态环境、提高发展能力、缩小发展差距的新时期。2014年以来，中央制定了精准扶贫、精准脱贫基本方略，并纳入了“五位一体”总体布局和“四个全面”战略布局进行部署，强调“决不让一个少数民族、一个地区掉队。”党的十八届五中全会公报中进一步明确，到2020年“我国现行标准下农村贫困人口实现脱贫，贫困县全部摘帽，解决“贫困地区域性整体贫困”的目标。西盟县结合县情，深入贯彻落实中央、省市扶贫开发战略部署，积极推进精准扶贫、精准脱贫，为到2020年全面实现脱贫、脱帽、增收三大目标而奋斗。西盟县的扶贫开发进入了一个新的时期。

2011年，在几十年扶贫开发工作的基础上，根据《云南省农村扶贫开发纲要（2011—2020年）》，制定了西盟县农村扶贫开发相关意见、制度和方案，实施精准扶贫、精准脱贫基本方略。这一阶段，西盟县农村扶贫开发分为2011—2013年和2014年以来两个时期，前一个时期是贯彻落实《云南省农村扶贫开发纲要（2011—2020年）》为主，2014年以来，以着力推进“精准扶贫、精准脱贫”为重点，在继续贯彻落实《云南省农村扶贫开发纲要（2011—2020年）》的基础上，制定了一系列精准扶贫精准脱贫的政策措施，印发了《西盟县扶贫攻坚规划（2016—2020年）》，实行区域扶贫与精准扶贫相结合。

大致分为以下几个阶段：

1. 从西盟县区成立到20世纪80年代：救济扶贫

西盟县地处山区，生产力低下，自然灾害频繁，农村长期处于贫困状态。l951年成立西盟县区人民政府时，第一次向西盟县各族人民发放布匹、食盐等救济物资。1952年12月中国人民解放军进驻西盟县后，内地支援物资不断运入西盟县，民族工作队经常储存食盐、布料、粮食、籽种、农具等。1953年给各族农民发放救济籽种4280公斤、犁头828把、锄头336把，耕牛补贴款2900元，及时解决农民生产、生活困难。“文化大革命”期间，1969、1970年粮食连续减产，导致1971年严重粮荒、农村再次发生水肿病500余例，死亡40人。当年发放口粮救济款2.93万元，寒衣救济款5287元，其他救济款4500元。1978年以后，让农民休养生息，在减免公余粮的同时，逐年增加农村社会救济款，1985年达22.67万元，为1976年的6.3倍。

2. “八七”扶贫

1994年—2000年，是西盟县“八七”扶贫攻坚年，工作中创新扶贫方式，由原“输血”单纯扶贫方式向“造血”创新扶贫功能转变。先后组织实施以支援经济不发达地区发展资金、专项扶贫贴息贷款、攻坚乡农田水利基本建设、少数民族特困地区扶贫综合开发、扶贫重点贫困村、农村妇女小额信贷、畜牧扶贫、安居工程、脱贫奔小康试点村、“7+8”温饱试点村等项目为主的扶贫方式。1998年10月13日，全县抽调337名干部到行政村，主抓扶贫攻坚工作。2000年，全县粮食总产量31027万公斤，比1993年的27228万公斤，增长13.95%；财政收入623万元，比1993年的440万元增长41.59%；农民人均纯收入498元，比1993年的311元增长60.13%。

3. “九五”扶贫

2001年—2005年，西盟县在扶贫开发工作的实践中，探索出一条“安居+温饱+社区发展=脱贫致富”的扶贫新路子；创造了“苦熬不如苦干”的嘎娄精神；总结出了“干部包村+社会扶贫+全民参与”的新举措。较好实施“白玉兰安居温饱工程”等扶贫攻坚项目。县委、县政府把扶贫攻坚作为西盟县的政治任务来抓，重点把解决群众温饱、农民增收列为工作的重中之重，加强基础设施建设。2001年—2005年，先后投入各类扶贫资金4.1亿元，完成基本农田地建设10.68万亩，解决18266人的温饱问题；建成水利项目2017件，解决了33538人、15694头大牲畜的饮水困难；种植橡胶7.3万亩、茶叶1.26万亩；改造民房11005户。至2008年，项目覆盖36个村259个村民小组17535户59758人。

4. 2011年—2013年的扶贫开发阶段①

（1）扶贫标准大幅度上调。2011年末，按照2010年新的贫困标准，比2008年标准提高了80.53%，西盟县农村贫困人口达到5.7万人，贫困发生率达到60%。

（2）目标任务的新变化。扶贫战略目标从解决温饱、巩固温饱、缩小差距，转变到稳定实现扶贫对象“两不愁、三保障”。

（3）大幅度提高资金投入。2011年—2013年三年间，累计投入扶贫资金（不含社会帮扶资金）约8.6亿元，年均投入约2.86亿元，比2001年—2010年增加了2.3倍。

（4）扶贫重点的新变化。实行贫困人口首扶制度，把着力点放在帮

① 云南省扶贫开发报告．新西部2018第3期．

助最困难地区和最困难群众的脱贫发展问题上，继续把少数民族、妇女儿童、有劳动能力残疾人贫困人口帮扶纳入扶贫规划。

（5）政策体系的新变化。完善有利于贫困地区、扶贫对象发展的财税政策、投资政策、金融政策、产业政策、土地政策、生态补偿政策、人才政策，建立各级财政扶贫资金稳定投入增长机制，建立资源税向贫困地区资源产地倾斜的分配制度，建立贫困地区资源开发带动贫困群众脱贫致富的联结机制，建立健全贫困地区生态补偿机制。

（6）主要措施的新变化。重点突出专项扶贫，整村整乡推进、产业扶贫、易地搬迁扶贫、贫困劳动力培训转移、以工代赈、兴边富民工程，积极开展特困区域和群体扶贫试点；着力强化行业扶贫，实施特色优势产业扶贫工程、基础设施扶贫工程、教育文化扶贫工程、公共卫生与人口服务扶贫工程、民生保障扶贫工程、生态建设扶贫工程等；巩固完善社会扶贫，定点扶贫、上海对口帮扶合作、企业参与扶贫、扶贫志愿者行动和驻地定点扶贫工作。

5. 2014 年以来的精准扶贫精准脱贫时期

2014 年，制定了西盟县《关于创新机制扎实推进农村扶贫开发工作的实施意见》。2015 年，县委、县政府先后出台了《关于举全县之力打赢扶贫开发攻坚战的意见》，并先后出台了几十个精准扶贫配套文件，涉及专项扶贫、行业扶贫和社会扶贫的精准实施、精准管理等各方面，形成了精准扶贫“1+X”政策组合体系，绘制了精准脱贫线路图。2017 年，西盟县政府发布了《西盟县脱贫攻坚规划（2016—2020 年）》，对精准扶贫精准脱贫进行了全面部署。因此，2014 年以来，西盟扶贫开发全面转入精准扶贫精准脱贫时期，扶贫对象识别和动态管理、帮扶措施、项目和资金管理、脱贫考核等全过程进一步精准。精准扶贫精准脱贫，改变和创新了扶贫方式，在治理结构、资源整合、配置和使用、监督和考核等多个方面带来了革命性的变化。

（1）精准识别扶贫对象。2014 年，西盟县按照国家扶贫对象识别办法，坚持扶贫开发和农村最低生活保障制度有效衔接，遵循“县为单位、规模控制、分级负责、精准识别、动态管理”的原则，对每个贫困人口、贫困户、贫困村、贫困乡（镇）实行建档立卡，对扶贫对象实行动态管理。依据标准和要求，西盟县共识别出 2013 年末建档立卡贫困户 8893 户、贫困人口 29563 人、贫困村 34 个、贫困乡 467 个。2015 年，西盟县建档立卡贫困人口数据库的基础工作完成，建档立卡贫困乡（镇）、贫困村、贫困户、贫困人口的名单、基本情况、致贫原因、开展的重点帮扶工作、帮扶情况等信息全部录入了数据库。为精准帮扶、精准管理、精准考核提供了依据和基础。

（2）精准扶贫战略目标。按照与全国全省全市同步全面建成小康社会的奋斗目标，以县为单位分年度制定到村到户扶贫攻坚计划，确保到 2020 年实现脱贫（全县 2.95 万贫困人口全部脱贫，基本消除绝对贫困）、摘帽（2018 年贫困县脱贫摘帽，4 个贫困乡 34 个贫困村出列）、增收（贫困县农村常住居民人均可支配收入增幅高于全省平均水平，到 2020 年达到 10000 元以上）三大目标。

（3）创新帮扶方式，完善帮扶政策措施。要求所有扶贫项目、资金和帮扶措施，都要以建档立卡对象为依据，逐乡逐村逐户制定帮扶措施，集中力量进行精准扶持。实施产业扶持、安居建设、基础设施、基本公共服务社会保障、能力素质提升、金融支持六个到村到户，实施产业扶贫、就业扶贫、安居扶贫、教育扶贫、健康扶贫、生态扶贫、志智双扶、基础提升、兜底扶贫“九大攻坚战”。并不断尝试和推进资产收益扶贫、光伏扶贫、电商扶贫等新型扶贫方式。

（4）改革和完善扶贫资金项目的管理机制，实施涉农资金整合。建立健全财政专项扶贫资金稳定增长机制、以结果为导向的资金竞争性分配机制、资金拨付和精准使用机制。改革资金拨付、使用和项目审批制度，全面实行资金、项目、权利、责任“四到县”制度。进一步完善扶贫资金监管机制。

（5）创新和完善了精准扶贫工作管理机制和运行机制。建立健全了乡镇党政领导干部考核评价机制，把贫困人口变化率、城镇居民人均可支配收入及增长率、农民人均纯收入及增长率等作为重要指标，纳入领导班子和领导干部综合考核评价以及县域经济发展争先进位评价体系，制定了贫村和农户的动态退出机制，明确了退出标准、程序和时间表。

（6）创新社会参与机制。2015 年以来，西盟县启动并不断完善“挂包帮”“转走访”工作，建立健全了“领导挂点、部门包村、干部帮户”定点挂钩扶贫工作长效机制。社会扶贫的广度和深度进一步增加，扶持资金大幅度提高，按照精准扶贫的要求进一步完善了社会扶贫的帮扶重点和方式。

（7）资金投入大幅度提升。2014 年—2018 年 5 年之间，西盟县扶贫资金大幅度增长，累计投入扶贫资金（不含社会帮扶资金）约 49.5 亿元，年均投入约 9.9 亿元。

四、西盟县扶贫成效

多年来，西盟县的扶贫工作取得了显著的成效。但是，在开展精准扶贫具体工作实践中也存在诸多困难和问题。

西盟县通过三十多年的农村扶贫开发，促进了贫困地区经济社会发展，农村贫困人口逐年减少、农民收入不断增加、产业能力显著提高、人居环境明显改善，农民自我发展能力得到提高，减贫成效显著。2019年4月，经州市审核，省级核查和第三方实地评估检查，西盟佤族自治县已达到贫困县退出标准，拟退出贫困县序列。

（1）贫困人口减贫效率大幅提升。总体上可以分为：1978—1985年、1985—1992年、1994—2000年、2001—2010年、2011—2013年、2014年—2018年6个阶段，分别减少贫困人口0.63万人、0.97万人、1.23万人、1.64万人和3万人，其中，2014—2018年的贫困人口快速降低，2014年脱贫3004人；2015年脱贫4174人；2016年脱贫3040人；2017年脱贫15379人；2018年脱贫14443人，比2001年到2013年之和还要多。充分说明了西盟县进入精准扶贫精准脱贫时期以后，减贫成效大幅提高。

（2）农民收入水平全面提高。1978—2018年40年间，农村常住居民人均可支配收入从53元增加到9754元，增加9701元，年均增长13.92%。2005年以来，农村常住居民人均可支配收入增长速度基本高于全省平均水平，其中2011—2018年增长较快，年均增长达到17.78%。2014年以来，农民收入总体上呈现出持续较快增长态势，实现了农村居民整体生活水平由基本生存型向温饱生活过渡及温饱向小康生活的历史性跨越，全县农民人均可支配收入每年以2位数的速度增长，增幅均高于全国、全省、全市平均水平。全县农村居民人均衣着消费支出183.3元，比2014年增长1.7%，年均增长0.6%；农村居民人均食品消费支出1864.7元，比2014年的1497.8元增长24.5%，年均增长7.6%；农村居民人均居住面积25.93平方米，比2014年的19.39平方米增长33.7%，年均增长10.2%。随着收入及消费水平的不断提高，机动车进入普通百姓家庭，每百户农村居民家庭拥有汽车6辆、摩托车105辆，比2014年汽车1辆、摩托车85辆分别增长500%、23.5%，年均增长81.7%和

7.3%。从前遥不可及的家庭消费品进入到千家万户中，充分体现了西盟县农村居民生活质量的提高，人民群众切切实实享受到了脱贫攻坚的成果。

（3）农村面貌发生翻天覆地变化。总体上实现了“四个新”：一是发展呈现新态势。扶贫开发促进综合经济实力明显增强，农民收入大幅增加，基础设施明显改善，社会事业明显加强，服务体系逐步建立，人居环境大为改观，实现了跨越式发展。全县公路总里程达 2443.1 公里，是 2014 年的 1.98 倍；二是村庄呈现新面貌。扶贫开发既改善生产生活条件、发展增收致富产业，也加大了以改房、改水、改厕、改灶和治理“脏、乱、差”为重点的村庄整治力度，使贫困群众居住环境明显改善，村容村貌焕然一新；三是制度呈现新体系。通过扶贫开发工作探索，逐步建立和完善了有效的扶贫开发投入机制、资金整合机制、社会参与机制、组织保障机制、群众主体作用发挥机制；四是能力呈现新提高。扶贫开发激发了贫困群众脱贫致富的积极性，各地在实践过程中，一方面，通过项目的实施加强对贫困群众的科技培训，通过教育扶贫资助贫困农民家庭子女接受中、高等职业教育，加大对贫困地区人才培养的力度，通过农村劳动力转移就业培训加快了转移贫困地区农村劳动力向城镇和非农行业的转移；另一方面，通过建立健全专业协会等农民自助组织，提高了农民的组织化程度。贫困农户自我发展能力得到明显提升。

（4）产业发展水平全面提升。农业综合发展水平大幅度提升，特别是 2014 年以来，种植业结构实现了由以粮食为主到粮食作物与经济作物、饲料作物全面发展的转变过程，全县经济作物播种面积占总播种面积比重从 2014 年的 21.5% 提升到 43.1%。农业生产结构实现以种植业为主转变为种植业和林牧渔业共同发展，2018 年全县预计实现农林牧渔业总产值 5.67 亿元，比 2014 年增长 1.2 亿元，其中农业产值 3.48 亿元，占总产值的比重达到61.3%。着力打造“绿色食品”生产基地，西盟县肉牛被评为“云南省特色农产品优势区”。大力发展“5+x”绿色生态产业扶贫，“四个全覆盖”产业扶贫模式先后被国务院扶贫办、国家农业农村部、新华网、云南日报等作为产业扶贫先进典型案例全面推广，并连续两年在全省产业扶贫大会上作交流。深入开展科普惠农工程和科普益民计划，西盟县被中科协命名为“全国科普示范县”。大力推进农业结构调整，加快实现农业接二连三，绿润源农业、阿佤香、德凯盛农业等一批农产品加工企业落户园区。

第五章　西盟县精准扶贫政策实施总体做法

对于中央制定的精准扶贫精准脱贫的顶层设计，地方需要结合当地实际，找到适合当地省情、市情、县情的具体做法，才能真正把中央精神落实好。西盟县坚持以习近平新时代中国特色社会主义思想为指引，认真贯彻落实党中央、国务院和省委省政府、市委市政府关于打好精准脱贫攻坚战的决策部署，紧紧围绕“两不愁、三保障”总体要求，坚持把脱贫攻坚作为头等大事，在扶贫工作推进中，结合县情进行了大量机制创新。

一、重如泰山的责任必须靠制度来保障：扶贫要先从“立制”入手

脱贫攻坚是时代重任，工作千头万绪，任务却又十分紧迫。作为头等大事，需要汇集资金、人力、物力等等资源要素，才能打好这场世纪攻坚战。所以，脱贫攻坚战更是配合战。面对如此多的资源需要整合，立下规矩是前提，必须从“立制”入手，把资源配置好。

西盟县健全完善了脱贫攻坚指挥、政策、投入、帮扶、动员、监督、宣传、学习“八大体系”，为打赢打好脱贫攻坚战提供制度保障。

1. 健全脱贫攻坚指挥体系

成立由县委、县政府主要领导任组长和总指挥长、指挥长的县扶贫开发领导小组、县脱贫攻坚指挥部，组建 11 个工作组，形成了“1+11”的脱贫攻坚指挥体系。选派县人大主任、县政协主席和 5 名县委常委分别担任 7 个乡镇脱贫攻坚第一指挥长；34 名县处级领导担任村级脱贫攻坚指挥部指挥长；县直各部门领导分别担任 368 个村民小组脱贫攻坚指挥部指挥长。坚持定期研究脱贫攻坚制度，先后召开 27 次县委常委会议、21 次县政府常务会议、46 次领导小组会议研究对策、解决问题、推动工作落实。县乡村层层签署脱贫攻坚责任书，立下军令状，构建起各负其责、合力攻坚的责任体系。完善信息管理平台，及时更新信息数据，建立贫困指标监测体系，强化贫困对象动态监测，形成脱贫攻坚工作全覆盖网络体系。

2. 健全脱贫攻坚政策体系

围绕“扶持谁、谁来扶、怎么扶、如何退”的问题精心设计脱贫攻坚路线图、施工图，出台《关于举全县之力打赢脱贫攻坚战的实施意见》《西盟县“十三五”脱贫攻坚规划（2016—2020 年）》《西盟县精准扶贫精准脱贫特色产业实施方案（2016—2020 年）》等文件，形成了“1 ＋ N”的脱贫攻坚政策体系，涉及产业扶贫、就业扶贫、安居扶贫、教育扶贫、健康扶贫、生态扶贫、志智双扶、基础提升、兜底扶贫等，形成脱贫攻坚政策“组合拳”，很多“老大难”问题都有了针对性措施。

3. 健全脱贫攻坚投入体系

坚持政府投入的主体和主导作用，加大扶贫资金投入，确保扶贫投入力度与打赢脱贫攻坚战要求相适应，先后累计投入各类扶贫资金 38.82 亿元。增加金融资金投放，累计发放支农、扶贫再贷款 2.95 亿元；发放金融精准扶贫贷款 3.81 亿元；发放扶贫小额贷款 1.05 亿元。加强涉农资金整合，先后整合财政涉农资金共计5.4亿元，其中《2018年整合方案》被省贫困县整合财政涉农资金推进协调组认定为全省编制质量较好的三个县（市）之一。

4. 健全脱贫攻坚帮扶体系

按照习近平总书记“尽锐出战”的要求，切实真正派出精兵强将去攻坚中之坚。选派34名实职副科级以上优秀干部到贫困村担任第一书记、驻村扶贫工作队队长，172名驻村工作队员驻村帮扶，102个省市县单位（部门）和7个乡（镇）3357名干部结对帮扶所有建档立卡贫困户和联系所有非建档立卡户。“村民小组脱贫工作委员会”1847名委员发动群众全过程参与脱贫攻坚工作，形成了驻村工作队、乡（镇）工作队、村组干部、挂包干部、村民小组脱贫工作委员会“五支队伍”协同作战的帮扶体系。

5. 健全脱贫攻坚动员体系

充分发挥社会主义制度集中力量办大事的优势，动员各方面力量合力攻坚。东西部扶贫协作不断深化，上海市杨浦区和黄浦区先后对口帮扶西盟县，扎实开展“携手奔小康”行动，重点在产业培育、干部培养、劳务输出、教育科技等方面给予帮扶，先后累计投入各类帮扶资金达1.47亿元。定点帮扶成效明显，中旅集团、省农业农村厅等中央省市定点帮扶单位先后累计投入各类帮扶资金达1.16亿元。认真组织开展“互联网+精准扶贫”工作，获捐赠次数达2125人次。

6. 健全脱贫攻坚督查体系

把全面从严治党要求贯穿脱贫攻坚全过程各环节，深化扶贫领域监督执纪问责，着力构建“人员+制度+督查”的全方位监督体系。2014年以来，先后开展扶贫领域专项检查42次，约谈提醒258人次，问责34人，给予党政纪处分30人，通报曝光11批次46件67人。对扶贫领域工作推进慢、工作方法简单、工作成效不明显的5名乡（镇）干部给予降职、调整岗位处理，对履职不到位的1名试用期干部免去试用职务。组建脱贫攻坚督查组，督查范围覆盖全县所有贫困村、贫困户，督促解决各类问题2000余个，督查成为抓落实的一把“利剑”。建立问题台账，点对点反馈给有关乡（镇）或县级部门主要负责同志，实行限期整改、销号管理。

7. 健全脱贫攻坚宣传体系

不断加大脱贫攻坚工作宣传力度，发放《惠农强农政策读本》《脱贫攻坚政策知识读本》《脱贫攻坚到户政策宣传画》等10万余册，制作户外大型宣传牌120余块、专题宣传栏500余个、简易宣传标语600余条，营造了打赢打好脱贫攻坚战良好氛围。创新开展“村干部上讲台讲政策”活动，14名村书记、主任上电视解读脱贫攻坚惠民政策。认真总结推广好做法、好经验、好典型，安居扶贫、产业扶贫、金融扶贫、群众内生动力提升等创新举措，先后在《人民网》《新华社》《央视新闻调查》《央视经济半小时》《云南卫视》《云南日报》等主流媒体宣传推介。组织开展脱贫攻坚工作评先评优活动，二妹等41名同志被评为光荣脱贫户；岩上等44名同志被评为致富带头人；杨正祥等23名同志被评为优秀扶贫工作者；艾刀来等3名同志荣获全省脱贫攻坚奖。

8. 健全脱贫攻坚学习体系

注重对扶贫干部系统化作战思维培养，着力培养一支“佤山扶贫铁军”。建立每天“半小时”学习制度，县处级领导干部和各部门“一把手”带头学习，率先垂范，重点学习习近平新时代中国特色社会主义思想、习近平关于扶贫工作的重要论述和省委、市委关于脱贫攻坚重要决策部署及重要会议、文件精神，做到真学、真懂、真用。建立经常性教育培训学习制度，定期举办帮扶干部、村干部、第一书记、驻村工作队员专题培训班，不断提升党员干部队伍服务脱贫攻坚能力。2014 年以来，全县共举办科级及以下领导干部集中培训 18 期、开展脱贫政策知识专题辅导 48 次、处级以上领导专题党课辅导 350 余场次，开展干部夜校学习 2000 余次。建立政策知识考试学习制度，对全县所有副科级以上领导干部进行编号管理，通过视频调度会、随机抽查、定期测试等方式，全面检测领导干部学习掌握脱贫攻坚政策知识情况，并将成绩作为选任、评优的重要参考依据。

贫困问题的复杂性在于其成因包含微观与宏观、个体与社会、经济与政治诸要素，单一的贫困治理手段往往收效有限，必须充分发挥中国共产党领导和社会主义制度能够集中力量办大事的制度优势，强化政府责任，引导市场、社会协同发力，构建专项扶贫、行业扶贫、社会扶贫互为补充的大扶贫格局。就边疆少数民族地区而言，制度保障就是打赢打好脱贫攻坚战的关键一招。我们通过加强党对脱贫攻坚工作的全面领导，建立了各负其责、各司其职的责任体系，精准识别、精准脱贫的工作体系，上下联动、统一协调的政策体系，保障资金、强化人力的投入体系，因地制宜、因村因户因人施策的帮扶体系，广泛参与、合力攻坚的社会动员体系，全方位的宣传体系，全过程的学习体系，为脱贫攻坚提供了有力制度保障。这个制度体系中，根本的是中央统筹、省负总责、市县抓落实的管理体制，从中央到地方逐级签订责任书，明确目标，增强责任，强化落实。这些制度成果，为减贫事业贡献了智慧和方案。

二、靶向治疗才能直击目标：把精准贯穿脱贫攻坚全过程

脱贫攻坚到了决战决胜之时，意味着面临的都是多年扶贫中留下

的最难啃的硬骨头；攻坚战也意味着是必须一击即中，用最短的时间取得最大的胜利。所以“精准”，是攻坚战的又一个代名词。要把扶贫的对象排查清楚、把致贫的原因搞清楚、制定合理的脱贫方案、下达精确的任务计划、“靶向治疗”用好各项政策措施，确保最后任务按时按质完成。

脱贫攻坚要取得实实在在的效果，必须牢牢扭住精准扶贫精准脱贫这条生命线。西盟县牢牢把握“精准”这个脱贫攻坚的关键，把精准贯穿脱贫攻坚全过程。

1. 围绕扶贫对象精准，扎实做好建档立卡

坚持把精准识贫作为脱贫攻坚最基础的工作、最关键的环节，为确保对象精准，围绕贫困对象动态管理及贫困退出工作，扎实做好建档立卡工作。一是开展贫困对象精准识别。严格按照“村内最穷、乡镇平衡、县级把关、群众公认、签订协议”的要求，逐乡逐村逐户进行核实，深入细致做好贫困对象的精准识别、复核认定和建档立卡工作，确保建档立卡结果客观真实、情况准确、信息全面；二是实施“四卡管理”。在全县推广使用“四户明白卡”，明白卡分红、黄、蓝、绿四种颜色，分别对应建档立卡贫困户、返贫户、脱贫激励户、小康引领户，不仅对卡内人员进行分类管理，对卡外人员也进行了“一户一卡”管理，贫困农户家里发放“明白袋”，精准记录贫困户家庭的各类基本信息，把精准识别，精准管理工作做深、做细、做准、做实，为精准帮扶、精准脱贫奠定基础；三是重视信息数据质量。高度重视信息系统录入工作，县脱贫指挥部有专人管理，固定乡（镇）和村级系统录入人员，加强对系统录入的培训，加强统筹协调和对接，公安、住建、人社、卫计、民政、市场监督等部门充分发挥部门职能职责，对录入全国扶贫开发信息系统的指标数据及相关信息进行筛查、比对，确保数据、信息的准确性和真实性。对错误数据和疑似错误数据，逐条核对，逐条整改，全力做到边查边改、立行立改，无逻辑错误，确保信息采集表、收支核算表、明白卡与系统信息相一致，与群众的家庭情况相一致。

2. 围绕措施到户精准，突出精准施策

在找准工作方法、任务分工、职责明确上下功夫，不断优化人力资源配置。明确村上扶贫工作队、县扶贫部门、挂包责任人责任。县脱贫办做好指导，提出具体的要求，如记账、录数据平台等。把产业扶贫、扶贫劳务协作、教育和健康扶贫等作为主攻重点，对症下药、靶向治疗。同时，强化行业扶贫政策的落实落地，加强交通、水利、金融、教育、健康等扶贫行动，推动形成工作聚焦、资源聚集、力量聚合。针对特困群体和贫困村，研究制定特殊的政策措施，采取一些超常规的办法推动脱贫。

3. 围绕项目安排精准，全力推进项目建设

一是科学谋划项目。以《西盟县十三五脱贫攻坚规划》和贫困退出各项考核指标为引领，按照市场有空间、脱贫有要求、群众有需求、实施有条件、运作有效率的原则，科学谋划扶贫项目。对今年要脱贫的乡（镇）和村，给予重点保障和倾斜投入；二是全力推进项目建设。根据工作进展情况适时召开项目例会，对项目建设进度、存在问题等进行分析研判，对易地扶贫搬迁、农危房改造、产业扶贫和金融扶贫等重点项目进行了多次督查调研，研究解决项目推进中存在的问题，确保项目建设顺利推进；三是建好年度项目库。提前谋划，精准目标，注重扶贫项目的压茬推进，完成了各年度脱贫攻坚滚动规划和年度计划，34 个贫困村修订了脱贫发展规划，建立扶贫项目库。2017 年以来进行了 3 次统筹整合使用财政涉农资金方案编制和资金整合工作，按规定资金范围整合财政、扶贫、交通、水利、住建等 10 部门 21 项财政涉农专项资金，整合率达 99.68%。主要安排用于农村基础设施建设、产业发展、扶贫小额信贷和基层农技推广项目等。

4. 围绕资金使用精准，规范程序严格监管

一是规范使用程序。出台了《西盟县涉农资金管理办法》，严格执行扶贫资金管理制度和项目资金使用公开公示制度，坚决杜绝随意更改资金用途、扣减项目资金等现象；二是协调形成合力。加大金融资金参与扶贫力度，实施金融支持精准脱贫攻坚项目建设，积极争取浦发银行、国家开发银行、农业发展银行等金融贷款资金 9 多亿元，向交通、水利、教育、人环等重点扶贫项目倾斜，将专项扶贫资金、相关涉农资金、社会帮扶资金捆绑使用，确保扶贫专项资金投入与脱贫项目需求相匹配；三是严格全程监管。对扶贫资金运行中每个环节进行全过程监管，包括项目规划申报、扶贫对象确定、资金分配拨付、工程实施验收、监督管理机制完善等方面，建立健全项目民主决策机制和群众参与机制，严格执行项目公示制、工程招投标制，坚持项目建设与管理并重，加强对已建工程项目所形成资产的管理，落实管护责任。严格实行责任追究制、工程监理制和监督跟踪制、监督抽查制，确保涉农资金管理规范，使用高效，运行安全。

5. 围绕因村派人精准，优选干部驻村帮扶

把加强扶贫力量建设作为最基础的工作，坚持多管齐下，努力形成脱贫攻坚“大合唱”。一是选优配强队伍。2017 年，全县选派驻村扶贫工作队 34 支，驻村工作队员 221 名。设总队长 1 名，副总队长 1 名，工作队长 34 名，常务副队长（常务书记）1 名；二是落实“三项经费”保障政策。2017 年西盟县落实驻村扶贫工作队“三项经费”283.06 万元。省、市级派出单位认真落实驻村工作队员“三项经费”到位；三是加强驻村队员管理。建立了工作队员的日程报备制度和“四个随机”

（检查单位随机指派、检查时间随机安排、检查对象随机抽取、检查方式随机采用）检查制度。完善请销假制度，驻村扶贫工作队员和县级下派的动态管理工作队员，落实“五天四夜”工作法，吃住在村，严格考勤，实行“一支笔”签批制度，所有请假由县委副书记、驻村扶贫工作队总队长签批，严格落实“召回”制度，调整不能适应的工作队员2名。

6. 围绕脱贫成效精准，严格落实退出标准

聚焦“两不愁、三保障”脱贫目标，对贫困群众吃、穿、住、产、学、医等情况，逐项进行对照检查和评估，既不擅自提高标准，也不随意降低标准，确保不走样、不走偏。要有序出列，坚持实事求是、量力而行、进度服从质量，严格按照贫困退出标准，科学设定脱贫“时间表”，及时调整完善脱贫规划和年度计划，确保脱贫工作绩效真实可信，实现稳定脱贫，有质量的脱贫、实实在在的脱贫。实际工作中，要坚决防止两种倾向，一种是坚决防止扶贫工作中的任何形式主义，“时间表”不能脱离实际随意提前，不能为了完成脱贫指标而搞突击性的临时“大输血”，搞数字脱贫、弄虚作假等，缺乏脱贫成果的可持续性；另一种是坚决防止畏难情绪，等靠要、松拖慢。要巩固提高，把巩固脱贫成果、防止返贫与继续攻坚放到同等重要位置，贫困乡（镇）、贫困村、贫困人口退出后，扶贫政策要保持，脱帽不摘政策、退出不退帮扶，不断增强“造血”功能，建立健全稳定脱贫长效机制，扶一程、巩固住、不返贫、能致富。

“扶贫开发贵在精准，重在精准，成败之举在于精准”[①]。“攻坚战就要用攻坚战的办法打，关键在准、实两个字”[②]。通过精准识别，让已经富起来的尽快摘帽退出，让需要帮扶的对象及时入列，确保真正的贫困

---

① 《人民日报》，2018年12月5日，09版。
② 《人民日报》，2019年1月3日，12版。

户都能得到帮扶，使扶贫工作扶到点上、扶到根上，解决了“扶持谁”的问题。通过精准选派，县领导及时联系部门结对，抽派干部驻村帮助发展，选派科技干部挂职指导，致富带头人示范引领，乡村干部服务发展等方式，形成了“大扶贫”格局，解决了“谁来扶”的问题。通过精准施策，制定精准化、个性化扶贫策略，做到一户一本台账，一户一个脱贫计划，倒排工期，不落一人，解决了“怎么扶”的问题。通过精准评估，有针对性地制定脱贫标准，让脱贫退出评估机制科学、可行、接地气，解决了“如何退”的问题。

三、分类施策才能不落下一人：深入实施“八大攻坚战”

引起贫困的原因很多，大至每个地区、小至每个农户，更多的不是单一型的贫困，而是多种因素致贫的复合型贫困。所以扶贫是个系统工程，就如中医处方，针对不同地区不同农户不同情况，每一味药的剂量、组合会有不同的分量，只有分类施策、综合治理，才能有效根除“病灶”，不落下一个贫困群众。

西盟县坚持精准扶贫、精准脱贫基本方略，紧紧围绕“两不愁、三保障”目标，全力打好产业扶贫、就业扶贫、安居扶贫、教育扶贫、健康扶贫、生态扶贫、基础提升、兜底扶贫“八大攻坚战”，下足“绣花”功夫，实现扶真贫、真脱贫。

1. 深入实施产业扶贫攻坚战

坚持把产业扶贫作为群众稳定脱贫的主要支撑和根本措施，通过精准选择优势产业、抓实项目投入、实施主体带动、构建利益联结、提供技术保障，实现全产业融合、全环节提升、全链条增值，闯出一条产业扶贫新路子。一是精准选择优势产业。经邀请省农业专家团队反复论证，基于西盟县具有“产地资源优、产业基础广、文化底蕴深、技术支撑强”和“生态环境优越、养殖基础广泛、蜜源植物繁多、四季鲜花盛开”的优势，我们精准选择肉牛和中蜂作为新兴扶贫产业大力发展，并把肉牛产业作为“一县一业”重点打造，从而构建起橡胶、茶叶、甘蔗、肉牛、文化旅游为主导产业，蜂蜜、咖啡、米荞等为特色产业的“5+x”产业发展体系，实现每个主导产业都有1个以上主导产品、每个贫困村都有1个以上主导产业。大力开发绿色食品，产自西盟的“山林百花蜜”被评为云南省优质农产品，且是唯一的蜂蜜产品. 西盟牛肉、西盟有机生普、西盟龙血树白砂糖、佤佳源冬瓜猪肉等农特产品销往全国各地；二是精准抓实项目投入。近两年来，先后整合2.54亿元财政涉农资金投入产业扶贫，实施到户项目143个，实现每个农户都有1个以上产业项目扶持。其中，2018年整合财政涉农资金投入产业扶贫1.55亿元，建档立卡贫困户人均投入产业扶持资金强度达1.16万元，投入到产业扶贫的财政整合扶贫资金占财政整合扶贫资金总额比例的45.79%，投入比例在全省排名第6位；三是精准实施主体带动。先后引进了农垦集团、安得利、三江并流、丁氏蜂业等省级龙头企业7家和市级龙头企业2家，创办各类农民专业合作社124家，建设对口基地达30多万亩。在肉牛产业扶贫中，采取“龙头企业+平台+合作社+贫困户”的模式，以省级龙头三江并流公司为带动、以县扶投公司为平台、以省农业农村厅项目和技术保障为支撑，开展生产合作、劳务合作、资金合作，实现资金变股金、农民变股民、收益有分红。在金融扶贫上，积极探索“期货+保险”金融扶贫新模式，大力推行天然橡胶和甘蔗期货保险，天然橡胶投保累计达10.3万亩，共理赔保险金709.44万元，5038户群众直接受益。甘蔗投保面积达3.29万亩，5263户群众直接受益，大幅降低了胶农和蔗农种植风险。投入120万元为肉牛购买了保险，大幅降低肉牛养殖风险；四是精准构建利益联结。按照“短期联得上”“中期结得好”“长期稳得住”的思路，出台了《关于进一步构建和完善产业利益联结机制　促进贫困群众稳定持续增收脱贫的指导意见》，通过创新“订单联结得现金、股份联结得股金、劳务联结得薪金、租赁联结得租金、保险联结得保金、激励联结得奖金”的“六联六结”利益联结方式，助推贫困群众增收，其中，全县 5 大主导产业的初级农产品全部实现了订单联结。五是精准提供技术保障。组建县产业发展技术服务队伍，结合产业布局情况，赴各乡镇、村、组开展技术服务工作，举办割胶、甘蔗、茶叶、种养等各类专业技术培训，并根据种养植业生产进度开展指导性培训，实现了技术培训全覆盖。特别是在肉牛产业扶贫上，经省委组织部、省人社厅批准设立了“黄必志、王之盛基层专家工作站”，建立国家重点研发计划肉牛差异化育肥节本增效饲养关键技术示范基地 1 个，授权技术专利 7 个。聘请郭爱珍、孙宝忠等 4 名国家肉牛牦牛产业技术体系岗位专家担任技术顾问。

2. 深入实施就业扶贫攻坚战

围绕“政府推动、企业主导、供需对接、稳定就业”的工作思路，着力提升就业组织化程度，实现“就业一人、脱贫一户”的目标。一是抓定向培训。聚焦就业需求，免费对有就业意愿的农村劳动力特别是建档立卡贫困劳动力开展订单、定岗、定向培训，确保务工人员“走得出、留得住”；二是抓组织输出。建立从动员到培训、输出、管理服务的转移就业全链条工作机制，与深圳富士康科技集团、美的集团芜湖美智空调设备有限公司等订立劳务输出合作协议，组织引导贫困群众通过政府统一输出、单个出去、帮带出去、抱团出去等方式外出务工，实现农村劳动力转移就业 1.92 万人次（建档立卡贫困人口转移就业 6762 人次），主要从事行业分布为：第一产业 3407 人、第二产业 11196 人、第三产业4656人，其中，全县16岁至45岁的青壮年外出务工达1.64万人次，占全县农业人口中16至45岁的比重达45.3%，人均年收入达2万元以上；三是抓就业创业。对有创业意愿并具备一定创业条件的返乡农民工给予免费创业培训、创业指导，全面简化贷款审批流程，并给予全额贴息的贷款支持，最大限度扶持有创业意愿、有创业项目的返乡农民工自主创业，实现带动就业。2014年以来，共发放创业扶持贷款1571户，发放贷款金额1.37亿元，带动就业2199人；四是抓劳动维权。在外出务工人数较为集中城市配备务工地联络员130名，除了能准确掌握外出务工人员信息外，主要负责外出务工人员突发事件联络、政策宣传、劳动权益保障、就业信息收集等工作。在昆明市设立“西盟县劳务法律援助中心”，聘请云南会凌律师事务所为西盟县省内务工人员提供免费法律援助服务；五是抓服务保障。对农村劳动力转移就业人员实行组织化管理，建立县级信息登记站1个、乡（镇）服务站7个、村级联络员36名，实现对外出务工人员精准管理、精准服务。创新建立联络员补助机制、建档立卡人员外出务工交通补助、建档立卡人员务工收入奖励机制。

3. 深入实施安居扶贫攻坚战

大力实施农村危房改造和易地扶贫搬迁工程，并在创造就业机会、帮助发展生产、提供公共服务等方面加大后续扶持力度，确保贫困户搬得出、稳得住、能致富。一是实施农村危房改造。认真总结历年安居扶贫工作经验，以全省农村危房改造和抗震安居工程启动大会在西盟县召开为契机，提出“精准扶贫、精准安居”工作思路和“六个破解”工作法，按照“国家补助一点、群众自筹一点”的原则，严控负债、面积、质量，贫困群众住上了安全稳固的安居房，搬出了低矮狭小的“草窝窝”和年久失修的破旧危房，贫困乡村落后面貌实现了翻天覆地的变化；二是实施易地扶贫搬迁。按照“群众跟着住房走、产业跟着群众走”原则，合理确定适宜发展安置点位置，守住“人均和户均住房建设面积红线”“建档立卡户搬迁建房自筹不超过1万元，无举债的底线”，先后投入3546.52万元，完成易地扶贫搬迁安置点建设；三是实施人居环境提升。深入开展农村“七改三清”环境整治行动，在村民小组实施亮化、硬化、净化、绿化为主要内容的村庄环境综合整治，实现60%以上的自然村有生活垃圾收集设施。大力实施农村生活污水治理，完成118个村民小组污水治理。

4. 深入实施教育扶贫攻坚战

坚持把教育精准扶贫作为拔穷根、扶民生的治本之策，努力让每个孩子都能享有公平而有质量的教育。一是加大投入增加供给。不断加大教育投入力度，着力扩增城乡教育有效供给，先后投入教育经费8.48亿元，完成39所义务教育学校标准化改造。新建乡村幼儿园6所，乡镇及以下入园幼儿享受普惠性服务率达到90%。切实加强留守儿童等特殊群体教育管理和关爱服务，构建学校、家庭、社会“三位一体”的关爱留守儿童工作网络；二是精准资助减轻负担。在全面落实上级各项资助政策的基础上，研究出台《西盟县教育教学工作奖励办法（试行）》，对在县内就读取得高中毕业证的学生每人奖励1万元，县外就读取得高中毕业证的学生每人奖励3千元，县内就读取得职高毕业证并符合相关条件的每人奖励5千元。被“985”类高校一本所属专业录取，每人奖励3万元；被“211”类高校一本所属专业录取，每人奖励2万元，被其他高校一本专业录取，每人奖励1万元，被高校二本专业录取，每人奖励5千元。初中学业水平考试成绩为前50名的考生且留在县一中高中部就读的，每人奖励9千元。为农村户籍贫困对象购买因学返贫商业保险，考起一本救助8千元、考起二本救助5千元；三是控辍保学不漏一人。深入开展“一个都不能少”活动，严格落实“双线六长”责任体系，采取干部包保、司法介入等措施，通过强化管理控辍、质量控辍、帮扶控辍、情感控辍、活动控辍等工作，积极营造“读书光荣”的浓厚氛围。全县 34 个贫困村建档立卡贫困人口中小学适龄少年儿童入学率均达 100%，义务教育阶段辍学率稳定控制在国家规定标准范围内。实现县域义务教育发展基本均衡，并高分通过国家评估验收；四是强化造血挖除穷根。着力推进职业教育，强化教育扶贫拔穷根的造血功能，努力实现“职教一人、就业一个、脱贫一家”。2014 年以来，县职业中学完成招生 1032 人，其中建档立卡贫困学生 258 名，近 400 人毕业就业后带动家庭脱贫。

5. 深入实施健康扶贫攻坚战

积极探索建立健康扶贫新模式，构建贫困人口就医“五重保障”制度，落实“三个一批”分类救治，实施“三个一”提升工程，健康扶贫工作取得明显成效。一是创新构建“五重保障”。在“四重保障”的基础上，采取“金融 + 健康扶贫”的模式，由县级财政出资 150 万元，为全县农村户籍（含涉外婚姻）常驻居民购买商业保险，贫困户如遇自然灾害、意外事故、患病住院的，保险公司将在医疗费用上给予群众一定比例的赔付，年内最高理赔可达 7 万元，为农村贫困人口实现稳定、高质量的脱贫提供健康保障。实施“先诊疗后付费”和“一站式即时结算”，2017 年来，全县符合转诊转院规范住院治疗贫困人口 6817 人，总费用 2616.47 万元，统筹支出 2367.46 万元，实际报销比例 90.48%；二是严格落实“三个一批”。大病集中救治一批，救治 29 种大病患者 698 人次。家庭医生签约服务一批，组建家庭医生签约团队 41 个，签约居民 56884 人，重点人群签约率达 100%。特困人群兜底一批，卫计、民政、人社等部门对重特大疾病住院救助经大病保险支付后，特困供养人员给予全额救助；三是实施“三个一”工程。按照县级公立医院达到二级标准，每个乡（镇）有一所标准化乡（镇）卫生院，每个行政村有一所标准化村卫生室的要求，县人民医院通过综合医院二级乙等等级评审，建成7个乡（镇）标准化卫生院、38个标准化村级卫生室。

6. 深入实施生态扶贫攻坚战

围绕“绿水青山就是金山银山”，全面推进生态扶贫，通过林业产业带动、森林生态补偿、生态工程项目等举措，切实解决建档立卡人员中符合生态补偿政策群体的脱贫问题。一是林业产业带动促脱贫。立足丰富林业资源优势，利用林下空间发展林种、林养、林采的“从林到种”垂直发展模式，通过扶持贫困村、贫困户与龙头企业、专业合作社和大户建立合作联结机制，全县种植石斛、魔芋、山药、中药材等1.75万亩，覆盖农户3500户，其中建档立卡户1140户；二是森林生态补偿促脱贫。全面开展生态补偿扶贫工程，将56.6万亩集体和个人所有权林地纳入生态补偿范围，按每亩补助10元，每年兑现补偿资金566万元，覆盖农户23252户73002人，其中建档立卡农户8405户27781人。通过政府购买服务，选聘建档立卡贫困人口生态护林员327人，共发放补助261.6万元，户均增收8000元。选聘建档立卡贫困人口管护公益林和天然林77人，共发放补助92.4万元，户均增收1.2万元；三是林业项目促脱贫。推广实施农村清洁能源工程，投入1403.5万元，发放节能灶1100台，安装太阳能热水器1.36万套。投入项目资金584.06万元，实施公益林管护站7个。

7. 深入实施基础提升攻坚战

坚定不移地把基础设施建设摆在更加突出的重要位置，强化以交通、水利、能源和信息为重点的基础设施建设，确保群众出行、用电、饮水、通讯、广播电视有保障。一是实施农村路网建设。大力推进“四好农村路”建设，实现村村通的基础上，重点推进了通组路、断头路的建设，努力把农村路网建设向高标准、全覆盖、网络化方向迈进。实施建制村通畅工程337.2公里，村组道路硬化899公里，且危险路段有必要的防护措施；二是实施农田水利建设。实施中低产田地改造和“兴地睦边”农田整治工程，改造中低产田地6.32万亩、低效林4万亩，新增和改善灌溉面积6.47万亩。实施农村饮水安全巩固提升工程336件、修建渠系建筑物580座、蓄水池105个，有效解决23375户75490人饮水安全问题；三是实施信息网络建设。投入1亿元，实施12批次农村电网工程，完成易地扶贫搬迁集中安置点和分散安置点的电力配套建设，完成无电户、新建房户、小组活动室通电工程1.74万户。完成全县36个行政村100%通10千伏动力电。建成4G基站332个，网络宽带覆盖到全县所有村委会、学校和卫生室，新建村民小组活动场所221个。

8. 深入实施兜底扶贫攻坚战

全力保障困难群众基本生活，解决后顾之忧，助力脱贫攻坚，构筑起坚强有力、服务高效的特困人群生活保障网。一是低保兜底助脱贫。认真做好农村低保制度与扶贫开发政策的有效衔接，加强留守儿童、留守老人、留守妇女和五保户、重病户、残疾人关爱救助保障工作，农村居民最低生活保障标准由2014年的人均2268元/年提高到2018年的3504元/年，年均提标幅度达11.5%。将符合条件的1964户3312人建档立卡贫困人口纳入农村低保和特困人员供养，保障其基本生活；二是医疗救助扶脱贫。强化医疗专项救助配套功能，城乡低保对象、特困人员等因病住院治疗所支出的医疗费用，经城乡居民基本医疗保险核定报销后，开展二次救助，救助比例达60%以上。2014年以来，二次医疗共救助19862人次，发放救助资金1797.9万元。资助城乡低保对象、特困人员等参合参保1609.6万元；三是临时救助帮脱贫。2014年以来，累计支出临时救助金 3456.1 万元，对因各种自然灾害、重特大疾病、意外事故、就学、计划内生育等造成生活暂时出现严重困难的家庭或个人加大临时救助力度和“救急难”等措施进行救助，全力帮助困难群众妥善解决好突发性、临时性、紧迫性的困难和问题；四是特困供养保脱贫。建立特困供养对象管理制度，掌握生活动态，全县特困供养人员 275 人，集中供养 33 人，分散供养 242 人，其中：建档立卡贫困人口纳入特困人员供养 39 人，月发放补助金 666 元 / 人。精准实施贫困残疾人特惠政策助脱贫，将 1427 名残疾人纳入建档立卡管理，累计发放残疾人“两项补贴”7325 人次 367.04 万元。

解决贫困问题不仅要减少贫困人口数量，还要提高贫困人口发展能力，促进贫困人口融入社会；不仅要帮助贫困人口摆脱贫困状态，还要降低人们陷入贫困的风险。西盟县把实施“八大攻坚战”作为解决贫困问题的根本途径，通过建构有利于农村产业发展的基础条件，引导贫困人口参与其中，不仅在经济意义上使贫困人口摆脱了贫困，而且在社会层面使贫困人口远离贫困。同时，注重调动扶贫对象的积极性、主动性和创造性，提升其自身发展能力，充分体现了我们党的人民立场和为民情怀。

四、输血是前提：财政金融扶贫政策

贫困地区和贫困户自我发展的能力较弱、只有通过输血，让肌体先活起来，才能逐步使之强壮起来。

做好脱贫攻坚工作，资金是前提和基础保障。西盟县以整合资金为基础，以金融扶贫为支撑，有效解决贫困村、贫困户发展生产“筹资难”，基础设施建设推进难的问题。

1. 加大资金筹集力度，切实发挥资金保障作用

充分发挥财政投入在脱贫攻坚中的主导作用，确保财政资金投入力度与全县脱贫攻坚任务需求相适应。按照统筹安排、集中投入、各负其责的原则，整合各类涉农资金，重点用于贫困村基础设施建设和农业产业发展。优先整合农业、扶贫、国土、交通、水利等部门资金，用于农村基础设施建设、发展特色优势产业和农村公共服务保障等。2014 年以来，先后投入扶贫资金 49.5 亿元。2016 年以来先后整合涉农资金 5.4 亿元。

2. 创新财政融资方式，引导社会力量积极参与

创新财政投融资方式，通过财政贴息、风险补偿、政策激励等方式，引导各种社会力量参与脱贫攻坚。推动金融服务与贫困村、贫困户对接，多出主意、多想办法、少设门槛、少设障碍，帮助贫困村和贫困户贷到款、用好款、能还款。鼓励农业企业、农民专业合作社和种养殖大户抱团取暖，联保的同时多为贫困户授信担保，财政实施贴息补助，引导扶贫对象通过小额贷款创业就业。2015 年以来累计发放各类扶贫贷款 3.81 亿元。

3. 强化财政监督管理，提高资金使用效率

不断强化财政监督管理，积极开展专项检查，从源头上防止贪污腐败，保障财政资金运行安全、高效。加强预算执行约束，盘活存量资金，严格依法收回结存、结余资金，优先保障精准脱贫和重点民生项目建设需要。加快支出进度，财政脱贫专项资金实际支付比例要高于序时进度，对不达序时进度和支出比例靠后的项目单位要予以通报。突出财政监督，对财政资金运行全过程实施动态监控，有效防范财政风险。大力开展专项检查，重点对社会保障、民政救助、涉农补贴发放和财政扶贫资金等民生领域的资金使用分配情况，开展专项监督检查，提高财政资金运行

的安全性和实效性。

4. 加强制度机制建设，确保政策持久生效

认真贯彻落实各项财政政策，为脱贫攻坚提供强有力的政策保障。全面推进“因素法”分配涉农专项资金，明确将中央、省、市财政涉农资金纳入整合使用范围，打破条块部门分割，统筹用于精准扶贫，破除制度障碍，全面构建“多个渠道饮水、一个渠道放水”的脱贫攻坚财政投入新格局。积极探索资产收益扶贫，以县级政府为主导，因地制宜，精准到户，有效建立贫困村贫困户与经营主体利益联结分享产业发展红利机制和贫困户与财政扶贫投入利益联结机制。

“兵马未动，粮草先行。”各类扶贫资金投入都是为打赢脱贫攻坚战提供全面保障。推进脱贫攻坚，无论是修建基础设施、发展产业项目、完善公共服务体系，还是改善贫困群众生产生活条件，每一项都需要真金白银。因此，在有关政策设计和工作安排上，必须把有限的资金用好，不断提高资金使用效率和效果。

五、造血是根本：把扶贫与扶智、扶志、扶治相结合

贫困群众既是扶贫对象，更是脱贫的主体。习近平总书记指出：“要坚持扶贫同扶智、扶志相结合，注重激发贫困地区和贫困群众脱贫致富的内在活力，注重提高贫困地区和贫困群众的自我发展能力。”[①]只有引导贫困群众树立主体意识，才能增强群众改变贫困的干劲和决心，最终靠自己的努力摆脱贫困。

为深入贯彻落实习近平新时代中国特色社会主义思想和党的十九大精神，西盟县按照“扶贫先扶志、扶贫必扶智”的工作思路，以“村

① 《人民日报》，2018年10月21日，09版。

民小组脱贫工作委员会”为载体，突出“六强化六起来”，走出一条脱贫攻坚与基层党建、乡村治理有效融合和贫困群众精神与物质“双脱贫”“双摘帽”的新路子。

1. 强化组织引领，把群众“联起来”

近年来，在全力、全面、全速推进脱贫攻坚工作过程中，部分贫困户主体地位认识不到位、脱贫内生动力不足，是阻碍西盟县脱贫步伐的主要难题。党的十九大报告提出“要以提升组织力为重点，突出政治功能，加强基层组织建设”。西盟县牢牢扭住“提升基层组织力”这条主线，积极探索在村民小组中成立“村民小组脱贫工作委员会”，对农户数量在 100 户以下的村民小组设委员 5 名，户数达 100 户以上村民小组设委员 7 名。“村民小组脱贫工作委员会”由村“两委”和“村民小组”党支部组织召开村民大会，推荐选举产生生产、生活、宣传、治安等委员，并在委员中选出 1 名主任（一般由村民小组长或党支部书记兼任）。“村民小组脱贫工作委员会”的成立，为解决村“两委”人手少、事务多、工作开展困难等问题找到了途径，基层组织建设得到加强，干群关系更加密切，使村“两委”发展生产、带领群众致富和化解矛盾能力不断增强，对促进民族团结进步、边疆繁荣稳定具有十分重要意义。截至目前，全县已成立“村民小组脱贫工作委员会”366 个，选举产生委员 1847 名，覆盖全县所有村民小组。

2. 强化激励约束，让群众“动起来”

“村民小组脱贫工作委员会”紧紧围绕“两不愁、三保障”目标和乡村治理需要，进一步修改和完善《村规民约》，落实“早干多支持，晚干少支持”的政策安排，切实把思想引导和奖惩结合起来，用“正激励”和“负激励”全面激发群众内生动力。在具体执行过程中，由村“两委”牵头，村务监督委员会实时监督，“村民小组脱贫工作委会”具体实施，对积极遵守《村规民约》，在脱贫攻坚中做出表率和贡献的，给予政策、项目、资金等方面倾斜，在村民代表大会上通报表扬和张榜公示，并给予一定程度上物质奖励。对部分贫困户依赖思想严重，不参加公共事务、不按要求参与脱贫和发展产业，甚至阻挠村镇脱贫等行为，视情节严重和造成影响，在村民代表大会上通报批评和张榜公示，并给予一定程度上经济处罚。比如，力所乡南亢村富倮一组贫困户扎丕、娜海夫妇是该组第一例因“整天在家酗酒、不参加集体劳动、等着政府发救济金”受到在村民代表大会上自我检讨和缴纳50元经济惩罚的村民。《村规民约》的执行，一开始扎丕和娜海觉得没有面子，但经过“村民小组脱贫工作委员会”的思想引导，夫妻俩真正意识到自己的问题所在，积极加入茶叶发展计划，按要求完成了产业发展目标。现在，整个南亢村怨天尤人的少了，专注致富信息的多了。喝酒不干劳动的少了，交流脱贫心得的多了。事不关己的少了，互帮互爱的多了。“激励约束”机制的建立，不断强化了约束和管理，激发了贫困户内生动力，营造了团结、互助、和谐的民族关系，全县呈现出团结奋进的好状态、好风气、好习惯。

3. 强化岗位设置，让群众“干起来”

“村民小组脱贫工作委员会”紧紧围绕唤醒自尊、树立自信、培养群众“劳动脱贫”意识，根据组内实际情况，设置不同的发展生产类和公共服务类工作岗位，重点设置了生产发展岗、水电维护岗、保育看护岗、环境清洁岗、道路维护岗、河道维护岗等岗位。并根据贫困户家庭情况，安排适合的岗位，让贫困户通过劳动获得有尊严、可持续的收入。“村民小组脱贫工作委员会”坚持每月召开一次成员会议，对贫困户完成岗位工作情况进行评定打分，根据贫困户得分情况上报村民小组讨论和“村两委”备案，最后由全体村民民主决策。对按时、按质、按量完成岗位工作任务的贫困户，由“村委会”从整合的资产性收益给予发放岗位薪酬；对未完成岗位工作任务的贫困户，不予发放或扣除部分岗位薪酬。比如，勐卡镇莫窝村五组村民岩散曾经是该组比较出名的“懒汉”，自该组“村民小组脱贫工作委员会”成立以来，对所有享受资产收益扶贫项目的贫困户进行设岗定责，共设置公共服务类岗位 4 类 28 个，岩散被安排到的工作岗位是负责 50 米组内道路两旁环境卫生。在村民监督下，岩散每天都到自已负责路段清扫环境卫生。通过岗位劳动，岩散知道了“政策不养懒汉”，“懒病”治好了。生产发展岗和公共服务岗位设置，使村内荒置的土地有人耕种、老人病了有人看护、村庄环境有人维护、邻居矛盾有人化解，促进农村社会和谐稳定，提高了群众对公共事务的参与度，逐步形成良好的生活习俗和文明的行为方式。同时，通过设岗定责、各司其职，落实精准扶贫政策，架起了基层党组织引领群众脱贫“直通桥”，推动扶贫政策、资金、项目的实效落实到户到人。全县共开发生产类和公共服务类岗位 8266 个，并将肉牛养殖、中蜂养殖、生猪托管寄养等财政支农资金所支持资产收益扶贫项目形成的集体经济收益分配，与贫困户从事公益性岗位相挂钩，让贫困户通过岗位劳动获得资产收益分红，人均年增收 2300 元以上。

4. 强化党员帮带，把群众“带起来”

“村民小组脱贫工作委员会”60% 以上的委员由党员担任，按照各自特长分别担任相应职务，主任及委员每人负责联系 10—20 户农户（包括建档立卡户和非建档立卡户），构建起以党组织为引领，“村民小组脱贫工作委员会”为载体，开展党员（委员）“一帮一带”活动为抓手，致力于脱贫攻坚和公共事务管理的乡村治理体系。“一帮”，即党员（委员）以思想上帮扶、生活上帮扶、生产经营上帮扶为主要内容，引导贫困群众树立信心，发展生产，脱贫致富。比如，二妹是富母乃组“村民小组脱贫工作委员会”的宣传委员，也是寨子里养蜂工厂的技术员，主要负责对贫困户娜哈的义务帮扶，带领其开展中蜂养殖，使娜哈年收入增加 2500 元以上。同时，二妹还将寨子里的 9 个贫困户介绍到养蜂厂务工，成为了“小领班”，承担起了带领群众共同致富的责任。“一带”，即党员（委员）“一带一”。通过与建档立卡贫困户结成帮扶对子，签订《帮带责任书》，为想创业能干事的 1 户或联合创业的多户贫困户讲政策方针、传致富经验、带科学技术、劝邻里纠纷、帮贫困家庭，充分发挥党员（委员）的模范带头作用。比如，新厂镇永广村“村民小组脱贫工作委员会”，结合全县产业发展规划，组织发动全村 457 户有意愿村民种植皇竹草 372 亩、青贮玉米 1345 亩，户均年增收达 5600 元以上。在种植管理环节，成立“生产队”，组织农户开展种植技术培训，做到“统一品种、统一播种节令、统一种植规格、统一病虫害防治”四个统一，产业组织化程度全面提升。在收割环节，将本组内有运输车辆和运营资质村民组织起来，成立“运输队”，组织发动群众“统一收割、统一装车、统一运输”，大大降低了群众运输成本和劳务成本。在加工环节，组织农户实施“工厂化管理”，科学制定加工流程，农户在生产线上工作，按时上下班，生产效率极大提高。通过开展党员（委员）“一帮一带”，以先进带后进、先富带后富，引导种植大户、致富能人、技术能手与贫困户结成帮扶“对子”，以致富能人的“大手”拉住贫困户的“小手”，形成了“一对一”“一对多”的精准结对帮扶工作机制，促进党员在联系服务贫困群众中有为有位，实现了信息共享、技术共享、人力共享和受益共享，营造了“非贫困户快跑大干、贫困户奋力追赶”的良性互动局面，真正起到“点亮一盏灯，照亮一大片”的示范作用。

5. 强化素质提升，让群众“强起来”

“村民小组脱贫工作委员会”坚持以“扶志、扶智”为主要任务，大力弘扬“幸福是奋斗出来的”“好日子是自己努力创造的”，着眼于群众就业创业能力提升，通过扶知识、扶技术、扶思路，帮助农户掌握实用技术和劳动技能，确保每一个有学习意愿的贫困人口都能得到有针对性的培训，获得一次免费的就业推荐；通过扶思想、扶观念、扶信心，大力宣传扶贫政策知识，让群众懂政策、用政策、享政策，帮助贫困群众在思想上“脱贫”。今年以来，全县通过“村民小组脱贫工作委员会”组织村民参加实用技术培训和劳动力转移就业培训共计256期27193人，实现有组织新增转移就业1.7万人，并先后组织脱贫示范户讲述自己的“脱贫故事”，观看《走进西盟看发展》《幸福是奋斗出来的》等脱贫励志新闻，帮助群众把脱贫的信心树起来、劲头鼓起来。通过扶贫扶志扶精神，脱贫脱困脱等靠，从根源上改变了贫困群众的落后观念和思想，推动贫困群众“要我脱贫”变为“我要脱贫”，“坐在墙根晒太阳”“等着别人送小康”等现象逐渐减少。

6. 强化产业带动，让群众“富起来”

“村民小组脱贫工作委员会”以带领群众增收致富为主要目标，紧紧抓住脱贫攻坚、深化农村改革等重大机遇，推动各级党组织走到前台、主动作用，围绕全县产业扶贫举措，经过村民大会同意，盘活村级现有的“资金、资产、资源”，把单个农户的土地等生产资料联合起来形成合力，把产业扶贫资金整合起来形成资产，开展“股份联结、劳务联结、订单联结、租赁联结、保险联结、激励联结”等方式形成利益联结，实现资产（资源）变股权、资金变股金、农民变股民、收益有分红，提高群众生产的组织化程度，为实现农业产业化提供组织保障。比如，勐梭镇班母村十四组通过“村民小组脱贫工作委员会”，按照“企

业 + 合作社 + 贫困户”的模式，依托班母村红太阳劳务合作社，成立“扶贫车间”，将有劳动力但无法通过自身发展实现脱贫的贫困户纳入“扶贫车间”进行管理，成为“车间工人”。并通过“村民小组脱贫工作委员会”牵线搭桥，将组内闲置土地承包给养蜂企业，养蜂企业与贫困户构建劳务合作关系，根据用工需求为贫困户安排工作岗位，解决了 10 户贫困户固定就业问题、30 余户临时务工问题。同时，采取边雇佣、边传授技术的方式，让贫困户既能有收益也能掌握养蜂技术。针对有发展意愿、具有培养潜质的贫困户，聘用其成为养蜂场固定工人，按照每月 2600 元的标准发放工资，每年实现 31200 元的稳定收入。通过“村民小组脱贫工作委员会”组织、龙头企业带动、贫困群众参与，着力构建利益联结机制，提高了农民的组织化程度和农业产业化水平，有效地帮助农民增强抵御自然风险、市场风险能力，获得持续稳定的收益。

通过成立“村民小组脱贫工作委员会”，积极探索“六强化六起来”扶贫工作新路径，全面强化了基层党组织领导核心地位，切实提升了党组织的组织力，有效激发了群众的内生动力，不断提高了乡村治理水平，在村村寨寨建起了一支“永不撤走的工作队”，为打赢打好脱贫攻坚战奠定了坚实基础。

六、要想脱贫致富，必须有个好支部：党建扶贫

扶贫工作直面贫困群众和贫困问题。群众需要一盏灯照亮、一面旗引领、一堡垒坚守，加强农村党组织的组织力，是脱贫的治本之要。

习近平指出：要加强基层基础工作。要加强贫困村两委建设，深入推进抓党建促脱贫攻坚工作，选好配强村两委班子，培养农村致富带头

人，促进乡村本土人才回流，打造一支“不走的扶贫工作队”。[①]

西盟县坚持把党组织力量挺在脱贫攻坚的前沿阵地，把各级党组织和党员干部锻造成坚强战斗队，通过党建落地生根促进脱贫致富拔穷根，实现“一个党员一面旗，一个干部一盏灯，一个支部一堡垒”，走出一条新时期党建引领脱贫攻坚的新路子。

1. 旗帜引领，强化脱贫攻坚使命担当

充分发挥党的政治优势、组织优势和密切联系群众的优势，全面引领和保障精准扶贫、精准脱贫各项工作，确保党建与脱贫攻坚同部署同落实。加强责任考核，把抓党建促脱贫攻坚工作作为各级党组织书记述职评议及领导干部综合考核的重要内容，考核结果与干部任用挂钩，不断强化各级脱贫攻坚使命担当。不断压实工作责任，自上而下建立常委包乡（镇）、处级干部包村、部门包组、干部和驻村扶贫工作队员包户的责任机制，形成了领导干部“一个杆秤挂一个砣”、领导干部与贫困户“一对一、一对多、多对一”结对帮扶关系的攻坚格局。通过不断强化使命担当，转变考核评价机制，突出精准帮扶，使基层党组织和党员真正感受到巨大温暖和鼓舞，树立了“既有责任又有感情”的担当精神，增强了决战决胜脱贫攻坚的思想自觉、政治自觉和行动自觉。

2. 夯实基础，筑牢脱贫攻坚基层堡垒

坚持“富民”与“强村”相结合、“造血”与“输血”相结合，以集体经济薄弱村为重点，逐村制定项目发展计划，明确发展路子，通过推行“异地联建”股份合作经济、成立专业合作社、整合闲置资产等方式，强力推进村级集体经济发展壮大。按照“应建尽建，有效覆盖”的原则，准确确定建设数量，合理规划建设项目，充分考虑功能覆盖，新建 55 个滇西南低足干阑佤族传统风格的村民小组活动场所。以问题为

① 《人民日报》，2018 年 10 月 10 日，07 版。

导向，以党支部标准化、规范化建设为重点，以创建基层党建示范点为突破，通过制定整改方案、选派第一书记、调整班子、销号管理等方式，整顿软弱涣散基层党组织36个。

3. 配强骨干，凝聚脱贫攻坚中坚力量

紧扣“脱贫攻坚”这一核心任务，选派优秀干部到乡镇及县属部门挂职19名，从县直机关选派14名优秀年轻干部到乡镇工作2年，基层脱贫攻坚力量得到全面充实。围绕推动精准脱贫，督促驻村工作队在脱贫攻坚工作中主动作为、积极贡献，发动宣传、收集民情民意、参与入户调查、带头服务群众等方式，共开展遍访宣传工作2万余次，走访贫困农户20万人次，为驻地办好事实事4000余件。将发展党员名额向边境村、建档立卡贫困村等基层党组织倾斜，结合发展党员专项检查工作，不断规范发展党员程序。通过配强配齐基层工作队伍，真正让群众满意、为党旗增辉，使基层党组织真正实现了“能说话、说了算、会干事、能干事”。

4. 示范带动，凸显脱贫攻坚先锋作用

以党支部为基本单位，以农村党员为主体，紧扣“三会一课”这个基本制度，开设“两学一做”系列专题党课，县处级党员领导带头在“党组织关系所在党支部”“挂钩联系点”讲党课。深入开展“千堂党课进基层”活动，通过精品党课、“云岭夜校”进行培训教育，使“党课课堂”成为党员思想的“加油站”。利用农村活动场所电教设施资源优势，大力开展农村党员创业致富“点播式”培训教育，促使每一名党员干部至少掌握一至两门种植、养殖、农副产品加工等方面实用技术或务工技能，切实发挥了农村党员在脱贫攻坚一线的先锋模范作用。落实农村党员帮扶机制，以“创业致富贷款”为有力抓手，在放贷中注重“基层党员带领群众创业致富贷款”与安居工程建设相结合、与产业发展相结合、与集体经济发展相结合，在政策宣传上做到“村上明、组上通、党员人人晓”，在政府贴息上，给予贷款户本金3%的政府贴息优惠，有效破解了农村党员带头致富无资金、带领群众致富无门路的难题。通过抓牢党课学习教育、实用技术培训、落实党员帮扶机制，每一名共产党员都成为了人民群众心中的一面旗帜，引领方向，激励上进，带领群众战胜困难，创造幸福生活！

5. 健全机制，抓实脱贫攻坚联动创新

把婚丧喜庆事宜等纳入村规民约，用制度化的形式引导村民主动转变观念，并建立“组织引领＋社会支持＋群众参与”的边疆文化活动运作机制，依托农村“小文艺队”开展政策宣传表演，以群众喜闻乐见的方式改变不良思想和陈规陋习。同时，制定出台移风易俗方案，通过成立红白理事总会、红白理事会，制定具体的操作规程和实施细则，党员组建红白理事志愿服务队，宣传文明风尚，开展环境卫生整治，不断引导群众转变观念，把现代文明方式灌输给群众。通过创新工作机制，每个干部、每个党员都成为宣传党的主张、贯彻党的决定、领导基层治理、团结动员群众、推动改革发展的坚强战斗堡垒。

加强党的领导是打赢脱贫攻坚战的坚强政治保障和根本保障，其根本是中国特色社会主义制度的优越性，集中力量能办好脱贫攻坚的大事。村级党组织是脱贫攻坚的最前沿指挥部，只有加强农村基层党组织建设，才能保证脱贫攻坚措施精准落实到贫困村、贫困户、贫困人。所以说，要想脱贫致富，必须有个好支部。

七、众人拾柴火焰高：着力构建大扶贫格局

区域贫困问题，成因复杂，但均会导致区域发展不平衡。如果失

衡，会影响整个国家和地区的发展。因此区域贫困问题，对各个国家和地区都是重大问题，必须要汇集各方力量加以解决。

打赢脱贫攻坚战，要最大程度发挥各方作用，凝聚起众志成城的强大合力，营造人人愿为、人人能为大扶贫格局。西盟县建立健全扶贫工作长效机制，深入开展“挂包帮”“转走访”，实施好东西部扶贫协作，支持服务好中央单位定点扶贫，形成专项扶贫、行业扶贫、社会扶贫等多方力量有机结合和互为支撑的大扶贫格局，有效增强了脱贫攻坚合力。专项扶贫上，脱贫攻坚指挥部、县扶贫办要针对建档立卡贫困人口的致贫原因，着力在产业发展、易地扶贫搬迁、劳动力转移培训、金融扶贫、危房改造、扶贫资产收益等到户到人措施上下功夫。行业扶贫上，不断调整优化现有政策，拿出管用过硬的新措施，形成更加完备的精准扶贫政策体系，把各项脱贫政策进一步具体化、项目化，着力抓好交通、水利、教育、卫生、科技、通信、金融、生态、社会保障等精准扶贫措施的落实，有效对接全县脱贫攻坚目标任务。县扶贫办要强化行业部门精准扶贫考核，加强督促检查。扶贫协作上，抢抓机遇、主动对接，建立健全扶贫协作机制，全面拓展扶贫协作空间，切实拓宽扶贫协作领域，着力提高精准帮扶水平，在产业合作、园区共建、劳务对接、干部交流、人才培养、公共服务等方面取得新的突破。定点扶贫上，进一步加强向上海黄浦区、中旅集团、省农业厅、光大银行、省林职院定点扶贫单位的请示汇报、沟通衔接，精准聚焦、深化合作、形成合力。社会扶贫上，通过建立扶贫荣誉制度等行之有效的措施，深入挖掘社会帮扶潜力，不断壮大社会帮扶力量，全面提高社会帮扶层次，着力提升社会扶贫水平，汇聚全社会力量广泛参与我县扶贫事业。

1. 积极调动行业扶贫力量

各行业部门积极发挥自身作用，脱贫攻坚形成了强大合力。县人大组织人大代表开展了脱贫攻坚专项视察，对产业扶贫等脱贫攻坚工作实施监督。县政协组织脱贫攻坚工作专题调研，针对存在问题提出具体的意见和建议。县委组织部着力抓好党建扶贫工作，为每个乡（镇）配备了熟悉农业农村工作和懂项目资金管理的副乡镇长。县纪委组织开展了脱贫攻坚监督执纪问责专项行动。各单位部门也纷纷充实扶贫一线力量，各乡（镇）均调整优化了驻村力量，充实脱贫攻坚指挥部人员，脱贫攻坚的组织力量进一步强化。

2. 深入推进东西扶贫协作

自 1996 年实施对口帮扶工作以来，上海市情系西盟、力聚佤山，为西盟县经济社会发展注入了大量的精力、人力、物力、财力，西盟经济社会发展和农村基础设施建设得到了翻天覆地的变化。23 年来，上海市对口帮扶西盟县力度不断加大，在人才培训、干部交流、教育科技支持等方面形成一种长效机制，帮扶力度逐年加大，帮扶成效明显，累计投入各类帮扶资金 1.48 亿元。其中，杨浦区累计投入各类帮扶资金 1.04 亿元，黄浦区累计投入各类帮扶资金 4340 万元。

3. 有力促进定点帮扶工作

中旅集团、省农业农村厅等中央省市定点帮扶单位先后累计投入各类帮扶资金达 2.67 亿元，充分发挥资金、技术、人才、资源、品牌和联系广泛的优势，着力在美丽乡村建设、产业培育、教育扶贫、基础设施建设等方面给予帮扶，为西盟县打赢打好脱贫攻坚战贡献了巨大力量。

4. 积极整合社会力量帮扶

聚焦“两不愁、三保障”要求，直面难题不回避，紧扣需求直发力，积极寻求社会各界的帮扶，凝聚帮扶力量，切实帮助贫困群众解决最迫切、最急需的问题。积极探索“保险 + 期货”新模式，致力推进“天然橡胶期货价格指数扶贫保险”和甘蔗、肉牛保险，大幅降低了胶农、蔗农种植风险和肉牛养殖风险。上海集成电路设计孵化基地积极开展捐资助学，国信期货公司捐赠岳宋乡班帅村贫困户橡胶化肥。

八、清理沙子，才能走得更稳更远：构建扶贫监督体系

扶贫是件系统工程，汇集了各方面资源解决各项难题。扶贫更是民心工程，要让群众真正从扶贫中得到生活改善。因此，要对每个环节施以有效监督，才能让扶贫工作取得实效。

坚持全面从严治党的总体要求，着力构建多渠道、全方位的监督体系。紧紧围绕中央、省、市脱贫攻坚决策部署，强力推进扶贫领域监督执纪问责工作，构建“人员 + 制度 + 督查”的全方位监督体系，为坚决打赢脱贫攻坚战提供坚强纪律保障。

一是整合监督力量，构建多层次监督体系。一方面，出台《西盟县关于进一步加强脱贫攻坚监督执纪问责工作的实施办法》，整合村党组织第一书记、村监委会主任和村支部纪检委员的监督力量，加强扶贫领域监督，增强末端监督神经元；另一方面，巩固完善“信、访、网、电、民情直通车”五位一体信访举报主渠道，专门成立脱贫攻坚违纪违规问题举报中心，面向社会公布扶贫领域涉嫌违纪违规问题举报电话，引导群众发挥监督作用，实现全民监督无死角；再一方面，依托“精准扶贫大数据管理平台和脱贫攻坚监督执纪问责五级联动监督平台，会同有关部门，对照重点整治内容，采取交叉检查、重点检查、明察暗访、巡察等方式对扶贫领域存量问题进行大排查。建立健全线索排查常态工作机制，全县各级纪委组织每月对扶贫领域问题线索开展集中排查，并及时搜集汇总。建立健全反映扶贫领域涉嫌违纪问题信访举报工作台账，实行销号管理，做到反映问题清晰、信访举报件去向清晰、处置办

理情况清晰。建立健全扶贫领域问题线索快查快办机制，对涉及扶贫领域的问题线索优先进行查处，直查快办、快查快处。

二是完善制度机制，不断强化部门监管职责。一方面，制定《西盟县脱贫攻坚专项纪律督查工作方案》，联合扶贫、发改、财政、审计等部门，组成专项纪律检查，采取点、线、面有效结合方式，开展专项纪律检查，及时查处发生在群众身边的不正之风和腐败问题；另一方面，出台了《西盟县关于进一步加强脱贫攻坚监督执纪问责工作的实施办法》《西盟县脱贫攻坚工作责任追究办法（试行）》，对乡（镇）党委政府、村组干部、挂包部门、驻村扶贫工作队员进行全方位考核。同时，严格执行扶贫资金管理制度和项目资金使用公开公示制度，坚决杜绝随意更改资金用途、扣减项目资金等现象。

三是强化督导检查，常态化开展监督执纪。一方面由县脱贫攻坚监督检查组牵头，抽调专人组成督查组，重点围绕问题整改、资料规范、产业发展、"村民小组脱贫工作委员会"建立、干部入户帮扶、四支力量整合等方面，分片对7个乡镇、34个贫困村，以及非贫困村等进行全方位督导；另一方面由县纪委县监委牵头，紧盯"三级责任主体"，聚焦形式主义、官僚主义两大不良作风，持续开展脱贫攻坚干部作风问题大督查、大整顿，严肃查处"虚""浮""假"和"不作为、慢作为、乱作为"等突出问题；再一方面由县纪委县监委牵头，以查处脱贫攻坚领域违纪违规问题为重点，严查失职失责、落实不力，贪污受贿、弄虚作假，以权谋私、优亲厚友，虚报冒领、截留私分，作风不实、敷衍塞责等6个方面的突出问题，为打赢脱贫攻坚战提供坚强纪律保障。

小结：所以，新时期的精准扶贫与过去的扶贫工作有了许多的不同：

一、脱贫攻坚既解决生存问题，也解决发展问题。贫困问题，表面看是收入问题，实质是人口素质问题。人口素质问题，表面看是教育问题，实质是资源综合配置的区域发展问题。过去的扶贫工作，主要是由扶贫、农林等部门安排项目，以基础设施和产业发展为主。这一轮的脱贫攻坚，从基础设施到产业发展，从素质培训到劳动就业，从医疗健康到生活习惯的养成，从义务教育到留守儿童的爱护，从尊老爱幼传统传承到村规民约的制定，从人居环境提升到村庄规范管理，涵盖了村庄的各个方面。从脱贫数量到脱贫质量的转变，脱贫攻坚已经远远超出了解决生存问题的范畴，为下一步乡村振兴奠定了坚实的基础。

二、脱贫攻坚是国家治理能力的重大提升，农村治理由粗放迈向精准。过去的扶贫工作，主要是扶贫、农业林业等农口部门的工作。但这一轮脱贫攻坚，五级书记抓扶贫，所有部门齐参与。过去以部门条线为主的农村管理，变成了条块结合的立体多维管理。过去以条线为主的信息，如今通过多轮的贫困户精准识别，公安、农业、林业、教育、人社、卫生、住建、市场监管等等，各部门的数据信息得到有效对接和融合。一个部门的数据发生变化，其他部门都随之比对变动。对每一户、每个村、每个乡镇乃至每个县的情况，有了更加及时精确的反映，真正构建起农村管理的大数据系统，为农村的精准管理奠定了坚实的基础。每一级政府对于辖区的情况，有了更为细致精确地掌握，能够制定更切合地区发展的决策，并实现政策的精准投放。对农村土地面积和农村人口比重较高的中国而言，政府对农村治理向精细化迈进，是国家治理能力的重大提升。

三、脱贫攻坚使党的基层组织建设更加稳固，与人民群众的感情更加深厚。习近平总书记在《摆脱贫困》中写道：“要想脱贫致富，必须有个好支部”“脱贫越深入，农村第一线党组织的力量越要增强”。脱贫攻坚中，各级党委政府向乡村派驻扶贫工作队，并担任扶贫工作第一书记。扶贫工作队的成员来自各级各部门的优秀干部，加强了村级党组织的力量，给乡村发展带来了发展活力和智力支持。为完成脱贫攻坚任务，村干部每天都忙于学政策、带领群众发展产业、完善村庄治理。在发展产业中，村干部们学会了如何与市场对接，如何实现土地、资源的集约，如何提高群众的积极性。在村庄治理中，村干部们率先革除陋习，把文明生活习惯教给群众。通过脱贫攻坚，村干部们素质能力得到较快提升，基层党组织的战斗堡垒作用进一步发挥。脱贫攻坚中走村串户，与群众的联系更加紧密，党组织的凝聚力更加增强。

四、脱贫攻坚是农村自治、法治、德治相结合的乡村治理体系的进一步完善。党的十九大报告提出，健全自治、法治、德治相结合的乡村治理体系。西盟县在脱贫攻坚中，结合实际，在村民小组中成立“村民小组脱贫工作委员会”，由村“两委”和“村民小组”党支部组织召开村民大会，推荐选举产生出生产、生活、宣传和治安等委员，为解决村“两委”人手少、事务多、工作开展困难等问题找到了途径，基层组织建设得到加强。通过“村民小组脱贫工作委员会”，针对脱贫工作中遇到的等靠要等行为，对不赡养老人、不送孩子上学等行为制定了村规民约，通过村民自治、法治和德治相统一，推动乡风文明建设。同时，通过“村民小组脱贫工作委员会”，在贫困户中设置了生产发展岗和公共服务岗，倡导“幸福是奋斗出来的”，带动贫困户通过劳动有尊严地实现脱贫。通过这些实践，探索出了扶贫新路径，全面强化了基层党组织的领导核心作用，切实提升了党组织的组织力，有效激发了群众的内生动力，进一步完善了乡村治理体系，在村村寨寨建立起了一支“永不撤走的工作队”。

五、脱贫攻坚锤炼出一支忠诚干事、干净担当的干部队伍。脱贫攻坚是党交给的政治任务，需要依靠一支“铁军”完成。要在规定时间内消除贫困，是一场攻坚战、一场配合战、更是一场对干部能力素质和为民情怀的考验战。随着脱贫工作的不断推进，干部需要具备的素质也不断提高。从最初的政策学习，到精准识别、精准帮扶中遇到的各种难题，干部随时都面临能力考验。如何选准产业，让群众有稳定增收的产业，如何让重病家庭不会返贫，如何教会群众勤俭持家，如何让懒汉学会劳动，如何让厌学的孩子回到课堂，如何让村党组织更有凝聚力，如何让村集体经济强起来……一个个具体的问题都需要在有限的时间内解决。对县委政府而言，要统筹大局，组织资源，制定相应的政策措施；对部门而言，要针对相关问题提出最有效的解决方案；对帮扶干部而言，不仅要把政策用好用活，更要通过大量耐心细致的帮扶，让农户理解支持并积极投入到脱贫中。通过脱贫攻坚，干部在一线得到锤炼，一支适应新时期发展任务的干部队伍已经形成。

六、脱贫攻坚通过“智、志”双扶，让农民的意识和素质有了质的提升。脱贫攻坚，对象是农户，主体也是农户。只有把农户摆脱贫困的意识唤醒，形成发展的内生动力，脱贫的帮扶效果才是持续的。而且群众发展的意识一旦被唤醒，所形成的力量是巨大的。在这一轮的脱贫攻坚中，通过在产业发展中构建劳动与收益的利益连接机制，让群众意识到“幸福是靠奋斗出来的”，只有靠自己努力才能摆脱贫困。通过劳动技能培训，贫困群众掌握了更多的技术，让群众通过自己努力能够摆脱贫困。同时，随着脱贫攻坚工作的深入开展，村庄治理体系不断完善，通过《村规民约》等，倡导社会主义新风尚，干净卫生整洁等生活习惯逐渐养成，尊老爱幼、互帮互助的氛围成为村庄的主旋律，为构建社会主义新农村奠定了良好的基础，新一代农户群体也在脱贫攻坚中逐步壮大。

第六章　西盟县精准扶贫中突出的“四大扶贫”

西盟县以习近平新时代中国特色社会主义思想为指引，在省委、省政府和市委、市政府的坚强领导下，不忘初心，牢记使命，誓与贫困做斗争，誓与脱贫共荣辱，努力如期实现脱贫摘帽。对西盟县扶贫的具体做法，可以总结为安居扶贫是基础、产业扶贫是核心、素质脱贫是根本、治理扶贫是关键。

一、安居扶贫——安居才能安心

党的十九大报告指出“要抓重点、补短板、强弱项，坚决打好精准脱贫的攻坚战，让贫困人口和贫困地区同全国一道进入全面小康社会”。农村住房安全稳固有保障是脱贫攻坚的核心任务，是实现“两不愁、三保障”的硬指标，也是脱贫攻坚工作中的重点难点和矛盾点。在2015年以前，西盟县还有1.55万户贫困家庭居住在茅草房、杈杈房和石棉瓦房内，住房条件简陋不堪，房屋破旧、狭小、昏暗、环境恶劣，甚至还有的贫困群众居无定所。安居乐业，安居是根本，是基础，也是目的，没有安居，怎能乐业和脱贫？所以西盟县将解决住房难列为“精准扶贫”的第一要务。

2015年7月30日，在国家住建部和省委、省政府的关心下，全省农村危房改造和抗震安居工程启动大会在西盟县胜利召开，国家住建部领导到会指导，省委、省政府主要领导出席会议，这标志着西盟县正式吹响了决战脱贫攻坚、决胜全面小康大幕。西盟县正式启动了12846户农村安居工程建设工作，在这个过程中也遇到了诸多难题。一是过去50年西盟县只完成了1万多套的安居房，现在要在2年间完成1.2万套安居房建设，任务是有巨大挑战的，需要采取硬办法和硬措施；二是住房存在突出困难的人同时也是经济方面最困难的人，疾病、天灾人祸、自然条件差、无劳力等原因造成极度贫困，家无余钱，靠借钱度日，这样的人家靠一已之力根本无法较好地解决住房问题，不说新建，就是改善一下都有很大困难，这就需要政府为其壮腰，统筹使用扶贫资金，在资金使用上，重点向住房存在较大困难的人予以倾斜，特殊困难以特殊的方式去帮助，确保住房困难户有资金完成住房新建或改善的主体工程；三是许多贫困群众仍然存在着建起了新房，还不起债，住进了新居，仍然沿袭着不爱洗衣、不爱洗被、不爱洗澡及居住环境脏乱差的生活陋习；四是农村安居工程建设融资问题如何解决？建材价格如何稳控？建设质量如何保证？易地扶贫搬迁点占用土地、林地如何申报解决？等等，这些问题都是亟待解决的。

为破解以上问题，西盟县在充分调研的基础上，认真总结历年扶贫工作经验，积极探索扶贫开发的新思路、新方法，突出精准扶贫、精准脱贫，加快推动安居工程建设各项目标任务，在探索和实践中逐步形成了西盟县“精准安居”工程建设“六个破解”工作法。

1. 西盟县“精准安居”工程建设“六个破解”工作法

（1）明晰“123456”工作思路，破解贫困群众基本生活困境

以全县农村安居工程建设为契机，明晰“123456”工作思路，全

力打好新阶段扶贫开发攻坚战，实施“整族帮扶、整县推进、整体脱贫”。认准“一个目标”，在2017年底以前，全面完成12846户农村危房改造安居工程工作任务，整体解决好贫困群众的安居问题。实施“两轮驱动”，基层党建、扶贫开发“双推进”，安居工程、产业发展“同促进”。构建“三位一体”，着力构建专项扶贫、行业扶贫、社会扶贫“三位一体”的大扶贫工作格局，形成“政府、部门、社会”多方协调，“村、户、人”层层负责的“精准安居”工程建设与特色产业统筹发展。实现“四项提升”，通过精准扶贫，实现住房提升、产业提升、环境提升、素质提升。打好“五大战役”，一是安居工程建设大会战。以建档立卡贫困户、农村贫困危房户为重点，整体解决好贫困群众安居问题；二是产业培育升级战。抓产业培植提高经营性收入，抓就业扶贫提高工资性收入，抓政策兑现落实转移性收入，抓资本盘活提高财产性收入；三是生态保护持久战，坚持“生态立县”，加大环境保护投入力度，推进绿色生态安全屏障建设，争当生态文明建设排头兵；四是民生改善攻坚战，围绕群众“住房难、上学难、就医难、保障难”等民生问题，扎实推进一批重大民生项目，切实做到保民生、解民忧；五是精准帮扶歼灭战，实行各级领导干部包保工作责任制，确保每个村民小组都有1个单位（部门）挂钩帮扶，每个贫困户都有1名领导干部结对帮扶，实现精准帮扶网格化全覆盖。达到“六个实现”，农村住房更加安全，村寨环境更加优美，群众出行更加便捷，农民增收更加实在，民生保障更加有力，村村寨寨更加和谐。

（2）建立“精准安居”工作体系，破解“大水漫灌”“手榴弹炸跳蚤”的粗放式扶贫

为切实解决农村安居工程建设“分散改造”中可能出现的指向不明、针对性不强、改富不改贫等问题。西盟县提出了“精准安居”工程

建设“七步”工作法，真正让扶贫资源“到村到户到人”的“最后一公里”问题得到真正解决，形成了具体、细化、全面和系统的工作运行流程和体系，使“精准安居”工程建设高效、有序推进。“精准安居”工程建设“七步”工作法：第一步，精准识别建房对象；第二步，精准分类建房对象；第三步，精准帮扶建房对象；第四步，精准规划建房地址；第五步，精准配套基础建设；第六步，精准资金投入；第七步，精准信息管理。

（3）构建大扶贫开发格局，破解“单打独斗”、扶贫力量“碎片化”的问题

在以往扶贫工作中存在各自为政、单打独斗，导致扶贫力量分散“碎片化”，收效甚微，反复投资，多重扶贫的现象。为切实解决这个问题，西盟在农村安居工程建设中，坚持“党政主导、群众主体、部门服务、社会参与、整合资源、多措并举、统筹推进”的工作思路，整合力量集中解决制约农村贫困户增收、易地搬迁户发展的瓶颈问题，按照“搬得出、稳得住、能致富”的要求，构建以专项、行业、社会、金融为主的大扶贫工作机制。

第一，专项扶贫。以整乡、整村推进、农村危房改造及地震安居工程等扶贫项目实施为契机，着力实现精准投放、精细管理，把项目、资金与建档立卡贫困户紧密联系，对全县建档立卡贫困户实施农村危房改造全覆盖、五大主导产业全覆盖。

第二，行业扶贫。坚持把农村危房改造点作为“项目区”，把集中改造作为“项目单位”，按照“渠道不变、资金不乱、用途不变、各负其责、各记其功”的原则，“各做一盘菜、共办一桌席”“多管道进水、一个龙头出水”，安排项目、投放资金，承担脱贫任务，形成攻坚合力。实现基础设施、公共服务项目到村入户，解决好“最后一公里”的

问题。

第三，社会扶贫。引导各类社会扶贫资源向建档立卡贫困村和贫困户聚集。积极协调省、市定点扶贫单位，将贫困村、贫困户作为主要工作对象，重点解决突出矛盾和迫切问题。深化和拓展东西扶贫协作，推进上海黄浦区等省内外发达地区的市县乡村、企事业单位与西盟县贫困乡村结对帮扶。鼓励企业参与扶贫攻坚，通过资源开发、技术培训、产业培育、市场开拓等形式，大力开展“村企共建”，将贫困村资源优势转化为产业优势、产品优势。积极引导社会性组织扶贫，支持鼓励社会团体、基金会、协会、民办非企业单位等各类社会组织与贫困村“一对一”、与贫困户“手拉手”帮扶。充分发挥工会、共青团、妇联、残联、文联、科协等各方面力量，通过爱心捐赠、结对帮扶、志愿者行动等方式，参与贫困识别、扶贫调研、支医助教、文化下乡、科技推广等扶贫活动。

第四，金融扶贫。加强政府部门与金融部门的工作对接，通过建立融资担保、风险补偿、小额信贷保险等机制，以及加大贷款贴息等方式，为贫困群众贷款保驾护航，确保贫困户贷得着、用得好、还得上。通过降低存款准备金率、扩大支农再贷款、缩小存贷差等金融手段，鼓励和引导金融资金流向贫困地区。创新金融产品和服务，在扩大扶贫小额信贷、妇女小额担保贷款、基层党员带领群众创业致富贷款的基础上，为贫困村、贫困户量身设计金融产品和服务，扶持其发展生产、脱贫致富。

（4）强化要素保障，破解安居工程建设时间紧、任务重、筹资难的问题

西盟农村危房改造安居工程和易地扶贫搬迁工作任务，时间紧迫，任务繁重而艰巨。面临配套资金难以落实，群众自筹能力不足，工程建

设融资困难。开展大规模集中建设，建材物资需求量大，部分建材物资供应不足等问题。西盟突出问题导向，把握关键环节，解决重点问题，实行“一事一策”和“四议两公开”，强化要素保障，提供优质服务，为农村安居工程建设创造了良好条件。

针对“整合资金难”问题，西盟制定出台《西盟县农村安居工程建设资金使用管理实施细则》，经常召开部门、乡（镇）例会研究协调资金使用事项，及时与省市部门对接，邀请上级财政、审计部门进行实地指导，为依法依规整合资金提供保障。

针对群众“筹资难”问题，充分发挥财政资金“四两拨千斤”的杠杆作用，加强与农业银行、农村信用社等金融机构的积极对接，为贫困农户建房贷款搭建平台。引导符合贷款条件的农户进行“三权三证”抵押贷款，实行“组帮组、户帮户”互助担保贷款，积极争取国家贴息政策（扶贫资金贷款贴息、小额担保贷款贴息等）。县包保工作队要积极配合县农村信用合作联社和中国农业银行西盟支行做好群众贷款相关发动登记工作，同时加强与施工方的沟通联系，尽可能在建房对象中聘用小工，折抵部分建房资金。

针对建房“用材难”问题，精心测算建房所需物资，并对西盟及周边县（区）建材物资供给情况进行了摸底调查，与31家物资供应商签订协议，保障了工程建设所需钢筋、水泥、砖瓦、砂石等主要建材的有效供应和市场价格稳定。为防止物资供应商哄抬价格、恶性竞争，造成物资供应市场混乱，工程建设物资供应原则上实行公开招标。一是对红砖、砂子、石材等相对紧缺的物资，由物资采购供应组与各供应商积极洽谈，确定统一的合理供应价格，签订供应协议，供施工队和自建农户自行采购；二是对钢材、水泥、瓦片等市场供应充足的材料，采取竞标供应或商议确定的方式，与中标商家或确定的供应商签订供应协议，稳定市场价格，供施工队和自建农户自行采购。

针对搬迁“用地难”问题，坚持申报程序规范化，由国土资源部门做出地质灾害评估、矿压分析，环保部门做出环评，上报通过后，住建部门做出村庄规划，国土、林业部门按程序进行申报。鼓励群众以置换方式解决好搬迁点涉及的土地问题，采取抽签的方式确定农户宅基地，避免了群众争议及集体上访。涉及群众间的土地置换，分解细化责任措施，由包保工作队牵头组织乡、村、组工作人员深入做好、做通群众思想工作，以置换方式解决好搬迁点所涉及的土地问题。

针对“时间紧、任务重”问题，严格落实安居工程建设包保责任，实行县委常委包乡（镇），县处级领导干部包村，挂钩联系单位（部门）包组，领导干部和新农村建设工作队员包户的工作责任制。依托“互助联动”机制，互帮互建，联合担保。根据村庄整体规划，通盘筹划、合理安排，整合资源、完善措施，采取统规自建、统规统建、统规联建三种方式，分期、分批、分阶段实施建设行动，力求以最少的投入、最短的时间取得最好的效果，破解时间紧、任务重的问题。

针对“农村不像农村”问题，认真制定村庄规划，严格按照规划进行建设，坚持“注重整体、突出个性”，尊重自然美、侧重现代美、注重个性美、构建整体美，充分彰显依山傍水、因地制宜的生态环境特色，返璞归真、显山露水的灵秀气质，把现代文明融入自然生态之中，把开放理念融入村寨建设之中，力求协调发展、整体美丽。

针对“农村安居工程建设质量”问题，建立健全工程建设督促检查整改机制，加强工程质量的监督与管理，坚持“两条腿”走路。每个乡（镇）至少聘请1家监理公司负责工程建设质量监管，每个村委会必须指定2—3名技术监督员，每个村小组成立质量监督委员会，工程建设结束后转为村小组管理委员会，全程负责工程质量、村寨环境的监管。

（5）实施综合扶贫工程，破解“新房旧貌”、发展不平衡的问题

许多贫困群众存在着建起了新房，还不起债；住进了新居，仍然沿袭着不爱洗衣、不爱洗被、不爱洗澡“脏乱差”的陋习；房前屋后不便清扫的区域成为垃圾场和臭水沟，从而造成了犬牙交错、杂乱无章，“新房旧貌”的形象。为了改变这样的现状，西盟县提出了“住房提升”“环境提升”“产业提升”“服务提升”“素质提升”的综合扶贫工程，“输血式扶贫”向“造血式扶贫”转变，努力形成“一村一业、一村一景、一乡一品”，实现人居环境和自然生态、产业发展和农民增收、社会保障和农村服务、农民素质和精神文明的全面提升。广泛开展爱国卫生运动，从生活中的小事做起，教育和引导群众做到至少每月剪一次头发、一次寨子大清扫，每周洗一次澡、换洗一次衣服、剪一次指甲，每天洗一次脸和脚、刷一次牙，饭前、便后要洗手等，培养群众良好卫生的生活习惯。深入开展“践行西盟公约，争做美丽居民”主题活动，把《西盟公约》融入行业规范、职业守则、村规民约等各类行为规范，认真组织学习宣传，全面提升居民文明素质，教育和引导居民文明行为。

（6）夯实基层党建基础，破解“只伸手、不动手”的“等靠要”思想

由于语言沟通障碍、交通闭塞等原因，还有一些年龄大的群众甚至从未走出佤山，见识有限，发展观念落后，导致“只伸手、不动手”的“等靠要”思想严重，影响了农村安居工程建设的推进步伐。为改变这样的现状，西盟县强化基层党组织在农村安居工程建设中的引领作用，教育和引导贫困地区干部群众牢固树立战胜贫穷、改变落后面貌的信心和决心，探索和总结出“347788”群众工作法，为全县农村安居工程建设提供了强有力的组织保障。“三深入”：深入基层，深入实际，深入群

众。“四个用”：用脚丈量民生，用心贴近民意，用情化解民忧，用力赢得民心。“七到户”：民房改造动员到户，惠民政策宣传到户，产业发展落实到户，增收致富算账到户，组织建设延伸到户，邻里纠纷化解到户，就学就医发动到户。“七个一”：一间房，保安居；一产业，促增收；一堂课，提素质；一首歌，感党恩；一台戏，扬正气；一面旗，树新风；一本书，学先进。“八注重”：注重组织执行，注重配强队伍，注重制度保障，注重责任落实，注重整合资源，注重服务群众，注重增收致富，注重党群和谐。“八强化”：强化规划领引，强化领导责任，强化部门协调，强化精准扶贫，强化群众主体，强化社会合力，强化监督管理，强化基层组织。

2. 成效和经验

西盟县实施农村安居工程建设，是深入贯彻落实习近平新时代中国特色社会主义思想的重要举措，也是贯彻落实习近平新时代扶贫开发重要论述的具体行动，更是省委、省政府交给西盟的一项重大政治任务。到 2017 年底，西盟县已全面完成了 12846 套农村安居工程建设工作，并于 2016 年至 2018 年分别实施了 3465 套农村安居工程扫尾工程，所有贫困群众都搬进了新居，曾经的杈杈房、石棉瓦房，变成了现在的一幢幢具有佤族文化特色的新楼；当初泥泞小路，逐渐变成了一条条通畅的水泥路；庭院整洁干净，客厅、卧室、卫生间、厨房等一应俱全。有的村寨开始利用佤族文化资源，大力发展乡村旅游；有的建好新房后，集中精力发展产业；有的村民建好房子娶到了媳妇；有的外出打工返回了家乡后，看到家乡的变化决定留下来建设家乡。“村村寨寨，哎，打起鼓、敲起锣，阿佤唱新歌……”阿佤山再次唱响了幸福、喜悦的歌声。这是精准扶贫、精准安居、精准施策取得硕果的真实写照。现在我们佤族群众常常说：“感谢共产党！没有共产党，就住不上新房子、过不上好日子。”

通过实施农村安居工程建设，我们主要有以下体会。

第一，规划设计是关键。农村安居工程惠及千家万户，面广量大，是一个系统的民生工程，必须用规划引领改造。要根据各地现状、特点以及民俗等因素，组织编制本地区农村安居工程建设规划、年度实施方案，与美丽乡村建设、小城镇建设、村庄整治、扶贫开发、移民搬迁、防御自然灾害相结合，与公共基础设施布局、农业产业结构调整等相衔接。要结合县域村镇体系规划执行情况，按照“新房新村、生态文化、宜居宜业”的村庄建设要求，根据实际调整完善村庄规划，进一步确定各类村庄布局、功能和规模，合理布局产业发展、基础设施、生活区域等，引导农村居民到集镇和中心村居住，实现人口集中、产业集聚、要素集约、功能集成。制定规划要建立在逐村逐户调查、摸清危房底数的基础上，科学确定成片新建农房的位置、规模、标准和建设时序，并按照一定区域内共建共享的原则，合理配置基础设施和公共服务设施，确保规划的前瞻性。同时，村庄建设要量力而行，尽可能采取就地提升改造，避免大拆大建，超过群众的承受能力；要从实际出发，适合集中建的就集中建，适合分散建的就分散建，采取多种方式推进。农房建筑式样要精心设计，尽量做到既经济实用，又美观大方，坚决不搞一刀切，不搞千篇一律的“兵营式、排排房”，不搞单调呆板的“豆腐块、火柴盒”，坚决避免单一的横平竖直军营模式和清一色的墙面瓷砖、门洞卷帘门。要从各地实际出发，组织力量研究，免费提供符合各地实际的住房设计图样，让农户根据需求自由选择。西盟追求的是具有民族特色的建筑。只有是民族的，才是世界的。

第二，操作程序是基础。安居工程建设是一项政策性很强的工作。

只有认真学习把握有关政策，严格执行有关规定，切实在“精准认定、精准改造、精准管理、精准考核”上狠抓落实，才能确保这项工作始终沿着健康正确的方向推进。一是精准认定。严格按照国家确定的危房改造补助对象认定程序进行，做到“公平、公正、公开”，不得擅自扩大范围，不能把危房改造搞成“普惠制”，不能弄虚作假、优亲厚友，坚决杜绝“不该改的改了、该改的却未改”的现象发生；二是精准改造。严格资金拨付，严禁冒领、截留、挤占和挪用，确保安居工程补助资金真正落到最迫切需要的贫困户身上。针对不同地域危房，因村施策、因户施策，落实村级危房改造责任人，逐村逐户制定改造计划；三是精准管理。规范档案管理，建立健全农户档案管理制度，实行一户一档，批准一户、建档一户，规范有关信息管理，确保档案信息能够客观准确全面地反映危房改造实施状况；四要精准考核。要在工程竣工验收上动真格、严把关，实行严格的验收责任追究制，把验收结果与责任追究挂钩，奖优罚劣。

第三，资金筹措是保障。安居工程建设的核心问题是资金，必须坚持以农民自筹为主，政府补助引导、银行信贷和社会捐助支持为辅，多渠道筹措资金，解决好“钱从哪里来”的问题。一是强化财政资金支持。西盟县主要是按照省级补助2万元/户，市级补助1万元/户，县级补助1万元/户进行配套，其他部分由群众自筹；二是强化金融支持。积极争取政策性贷款和商业贷款支持。创新补助方式，实行贷款贴息、贷款风险补偿金等支持政策，积极争取国家信贷贴息补助资金支持；三是强化资源整合。以县级为平台、以项目为载体，整合相关项目和资金，把各部门分散资金集成起来，做到“渠道不乱，捆绑使用，统筹安排，用途不变，各记其功”，最大限度发挥资金捆绑使用效能；四是用好土地政策。可将农村安居工程建设与农村土地整治相结合，引导农民在规划区内集中连片居住，将整治腾出的农村建设用地复垦为耕地，其土地增值收益用于支持农村安居工程以及相关配套设施建设。同时，可采用多种方式帮助农民自筹资金，充分发挥农民的主体作用，通过投工投劳和互助等降低改造成本，积极开展社会互助活动，发动党政机关、企事业单位、人民团体、社会各界捐赠和资助，发动一切可以发动的力量，调动一切可以调动的因素，形成强大合力。

第四，房屋质量是核心。对贫困群众来说，住房是农村群众除土地之外的另一个“命根子”，建房是其一生的大事。住房质量安全，既事关人民群众的切身利益，更关系到民心向背。如果质量出了问题，花再多金钱、做再多工作也是挽救不回来的。从一定意义上，确保建房质量安全就是在做无声的群众工作，半点都不能马虎、须臾不可放松。必须牢固树立“百年大计、质量第一”意识，在规划选址、勘察设计、施工组织、建材选用供应等关键环节严格把关，实施全过程监管，把工程质量终身责任制落到实处。严把规划选址关，村庄和民居规划选址注意避让地震断裂带、地质灾害隐患点、行洪通道等。严把建材质量关，坚决防止建筑材料以次充好，不得让不合格的建筑材料流入工程项目建设中。严把施工质量关，对不按照设计施工、偷工减料、违规建设和存在重大质量安全隐患的，要依法处理。严把竣工验收关，确保工程质量，真正建成人民群众的“放心房”“满意房”。住建部门加强技术服务和指导，组织开展农村建筑工匠培训，对施工现场开展质量安全巡查和指导监督，积极引导农民建设安全适用、经济美观、节能环保、特色鲜明的住房。

第五，发动群众是根本。农村安居工程建设与享用的对象和主体是农民，必须广泛听取群众意见，充分尊重群众意愿，组织群众全程参与项目实施、管理和监督，规划设计、重建选址、工程施工等各个环节，要把群众满意不满意作为重要标准。凡是旧房拆迁、新房选址、规划设计、工程招标、材料购买等涉及群众切身利益的问题，都要“一事一议”，由群众讨论决定。易地搬迁和原地整村重建，要和群众商量着办，充分考虑群众的承受能力，切忌擅自替群众做主、代群众决策，防止“好心办坏事”。深入细致做好补助标准等相关政策的宣讲，与群众切身利益相关的各个领域，都要始终做到公平、公正、公开、透明，“一碗水端平”，让老百姓口服心服。尤其是补助标准，要保持政策统一，不得擅自降低或提高，避免相互攀比引发矛盾。

3. 对西盟安居扶贫的理论思考

安居才能乐业，安居扶贫是基础，也是龙头，可以牵一发而动全身。安居扶贫是民心工程，但如果造成农民高负债等问题，就可能变成失民心工程。

第一，安居扶贫是一项大工程，关乎民心向背的大问题。习近平总书记指出：“贫穷不是社会主义”[①]。居住条件状况是群众对贫穷进行衡量的重要标准，安居才能乐业，解决大量“茅草房”问题是我们重要的任务。西盟县作为一个民族直过县、同民族跨境居住县、老区县，安居扶贫更是具有重大的意义。

第二，安居扶贫考验干部的党性和智慧。为中国人民谋幸福、为中华民族谋复兴，是我们的初心和使命。安居扶贫作为“两不愁、三保障”中重要一项目标要求提出，体现了党对群众生活的关切，是不忘初心牢记使命的必然要求。安居扶贫面临着扶贫谁、怎么扶等挑战，安居扶贫考验干部是否真心为民，也考验干部智慧。在安居扶贫中，西盟县明晰“123456”工作思路，对安居扶贫进行了总体安排。坚持问题导向，提出“六个破解”工作法。针对粗放式扶贫，提出“精准安居”工

① 《人民日报》，2018 年 8 月 21 日，06 版。

作体系；针对扶贫力量“碎片化”的问题，构建大扶贫开发格局；针对“整合资金难”、群众“筹资难”，建房“用材难”、搬迁“用地难”“农村不像农村”等问题，提出要素保障等。

第三，安居扶贫需要精准安居扶贫。精准扶贫重在精准，安居扶贫也重在精准。对精准扶贫，党中央提出了六个精准的要求。结合六个精准，西盟在安居扶贫中提出了“七步”工作法：精准识别、精准分类、精准帮扶、精准规划、精准措施、精准投入、精准管理，以实现“精准安居”工程建设。

第四，安居扶贫需要构建全社会大扶贫格局。精准扶贫精准脱贫是社会主义的必然要求，是共同富裕的必然要求，精准扶贫要动员全党全国全体人民的力量。安居扶贫意义重大，任务繁重艰巨，在安居扶贫中要构建大扶贫格局。西盟安居扶贫中，坚持“党政主导、群众主体、部门服务、社会参与、整合资源、多措并举、统筹推进”的工作思路，构建以专项、行业、社会、金融为主的大扶贫工作机制。在安居扶贫中，西盟县向人大、政协、企业、学校等发出了倡议书。

第五，安居扶贫提升农民生产生活水平。在安居扶贫中，存在有新居无新村、有新村无新貌问题。破解这些问题，需要在安居扶贫提高农民素质，提升农民生产生活水平。安居扶贫是精准扶贫工作中的重要抓手，也是一个提升平台。西盟提出了“住房提升”“环境提升”“产业提升”“服务提升”“素质提升”的综合扶贫工程，实现人居环境和自然生态、产业发展和农民增收、社会进步全面提升。

案例一：西盟县勐卡镇马散村永俄寨以美丽村寨建设为抓手促文化旅游助脱贫攻坚

西盟县勐卡镇马散村永俄寨距县城55公里，交通便利，地理位置独特，平均海拔1670米，共56户182人，较好地保留了佤族原始的建筑和生活习俗，佤族文化底蕴深厚，民风淳朴，对研究佤文化传承与保护具有重要历史价值和文化价值，是佤族文化非遗保护研究、活态传承、宣传展示的重要载体和平台。

2014年以来，勐卡镇党委、政府结合永俄寨生态优势及佤文化特点，不断完善基础设施建设，优化村庄整体布局。一是大力实施精准脱贫工程。在不断壮大永俄组野果基地的基础上，借力马散水库、城子水库、佛殿山、三佛祖遗址等优势旅游资源，以发展集采摘、观光、休闲、度假为一体的乡村旅游为目标，通过丰富果品种类、提升产品档次、延伸产业链条、配套服务设施等手段，成功举办5届中国·西盟永俄寨生态野果节，年均吸引游客量达3万余人，间接带动周边542户1649人贫困群众脱贫增收，永俄寨野果产业已经成为真正致富一方、助力脱贫的支柱产业。2017年，永俄组农民人均可支配收入达9296元，55户181人建档立卡贫困户成功实现脱贫；二是大力实施佤文化传承与保护工程。充分挖掘本土佤文化资源，最大限度地发挥民间艺人"传帮带"作用，采取奖励和扶持的方式，大力传承"拉木鼓""甩发舞""独弦琴"等佤文化，助推乡村文化振兴。先后培养国家级"司岗里"传唱传承人1人、省级民间文化传承人1人、市级"木鼓舞"的传承人1人、打铁技艺传承人2名、佤族织物技艺传承人2人、传统竹编技艺传承人1人，正在申报省级"佤族木鼓舞"传承人1人。建设小型佤族文化博物馆一个，充分展示佤族群众近千年以来的生产、生活、民风民俗等方面的变化，是外界了解佤族文化的一个重要窗口和平台。三是实施美丽乡村建设工程。坚持把美丽村寨建设作为抓好农村工作首要民生工程，遵循农村自身发展规律，体现农村特点，注重乡土味道，保留乡村风貌，着力打造"科学规划布局美、特色宜居建筑美、村容整洁环境美、产业增收生活美、乡风文明身心美”的五美村寨。先后投资539.7万元，建设具有佤族特色的干栏式建筑48户，户均面积为80平方米，同时，完成了组内道路硬化、路灯亮化、美化亮化、活动场所建设等重点工程。目前，大部分农户开办起了农家乐、家庭小旅馆，日均接待游客量达100人以上。

案例二：西盟县勐梭镇落村博航十组以安居房建设为突破口助群众增收脱贫

西盟县博航十组距西盟县城12公里，是一个佤族聚居村落。全组56户163人，耕地面积750亩。农村安居工程建设实施前的博航十组，交通闭塞、村落破旧，群众生产生活十分困难，主要靠低保、靠救济，捐资送物式的“输血”为主。2014年开始，西盟县委、县政府依托澜西二级公路，按照普洱市委、市政府打造普洱“绿三角”旅游环线的要求和部署，利用其独特的交通优势和区位优势，把博航十组建设发展定位为普洱“绿三角”旅游环线上的扶贫开发重点村、社会主义新农村建设示范村、边疆民族团结和谐村、民族文化乡村旅游试点村。同时，以建设民族文化生态旅游特色村为目标，以传承、挖掘民族文化、生态文化、农耕文化为着力点，着力推进旅游扶贫开发。集中整合了农林水、交通、扶贫、卫生等部门12个项目资金，用于安居房建设和基础设施建设，其中：新建安居房42幢，实施道路硬化4公里，修建蓄水池5个，460平方米的窝朗房1间，500平方米活动广场1个，太阳能洗澡室42间，猪圈改造42间，游客接待中心1个以及相关配套设施建设。群众主要产业以种植甘蔗、茶叶和旅游业为主，实现农民人均可支配收入达4407元。

主要做法是：一是理清思路、认真规划。依托交通区位优势，确定了“文化旅游扶贫”的工作思路，制定了《博航民族文化生态旅游村项目规划方案》，实现了佤文化元素与村寨建设的有机融合；二是整合项目、统筹推进。提高项目资金集聚使用效益，集中整合12个项目资金，重点解决了博航十组人居环境“脏、乱、差”的问题；三是积极引导、治愚扶智。组织开展各类文化体育活动，教育和引导群众养成良好的环境卫生习惯。完善旅游服务设施，加快乡村旅游经济的发展；四是党员带头、率先垂范。充分发挥农村党员带头致富和带领致富的先锋模范作用，通过“双推进”“双带”和“双维护”，实现了强组织、富百姓、促和谐“三丰收”。

通过项目实施，群众生产生活的方方面面都发生了较大改变，人们再次唱响了《阿佤人民唱新歌》，来表达对党和政府的感恩之情。一是群众生产生活发生较大改变。彻底改变了过去群众居住在杈杈房、石棉瓦房的状况，群众居住环境发生改变，生活质量不断提高，“慵懒散”现象得到有效整治；二是群众综合素质发生较大改变。“等、靠、要”的思想逐渐被破除，勤劳致富、科技兴农的意识不断增强，民族优秀传统文化逐渐引领村寨生活新风尚，群众幸福、喜悦的歌声又回到了阿佤山；三是乡风村貌发生较大改变。群众自发订立了《村规民约》，逐渐养成了良好的环境卫生习惯，减少了柴草乱垛、粪土乱堆、垃圾乱倒、污水乱流、畜禽乱跑的“五乱”现象，被评为“云南30佳最具魅力村寨”；四是群众收入发生较大改变。2018年，农民人均可支配收入达7870元，实现旅游收入45万元，人均2800元以上。

小结：西盟的“精准扶贫”，始于安居工程，而不拘于安居。按照中央“精准扶贫”要求，西盟县提出了“精准安居”工程建设“七步”工作法，着力在“精准识别、精准分类、精准规划、精准措施、精准帮扶、精准投入、精准管理”上下功夫。推进中以问题为导向，针对筹资难、用地难、新房旧貌、新村陋习等，不断解决产业、教育、党建中遇到的各种难题。同时通过安居工程，构建起了社会齐参与的大扶贫格局。可以说，安居工程让西盟开启了精准扶贫第一步，也为其后的脱贫攻坚打下了良好的工作基础和群众基础。

二、产业扶贫——脱真贫、真脱贫

习近平总书记强调“要脱贫也要致富，产业扶贫至关重要，产业要适应发展需要，因地制宜、创新完善”[①]，这是由传统的“输血式”扶贫向“造血式”扶贫转变的必由之路。只有相关产业发展起来了，贫困户致富能力提升了，才能实现持续增收拔掉穷根。20 世纪 50 年代初期，西盟县无公路，运输全靠人背马驮，劳动是以家庭为单位的个体生产，生产力水平极低，劳动力的使用率低，产业发展还处于刀耕火种阶段，靠天吃饭的落后思想现在仍能看到痕迹。到 1956 年才真正通第一条公路。改革开放以来，西盟县大力组织互助合作来发展生产，生产力水平有了较大提高，产业发展水平取得了决定性成效，到 2015 年农民人均占有粮达到 479 公斤，解决了群众温饱问题。但是，西盟县依然以传统农业为主，规模小，科技成果应用和推广滞后，农产品加工水平低下，市场营销意识不足，产业发展依然存在诸多“短板”。

虽然西盟县产业起步晚，市场发育程度低，但是拥有良好生态环境，年均降水量 1840.3 毫米，比全省年均降水量多 754.1 毫米，年均气温 19.6℃，比全省年均气温高 2.9℃；年平均日照达 2105.9 小时，比全省年平均日照多 85.2 小时；全年无霜期较长，年均有霜期仅为 0.2 天。全县森林覆盖率达 64.86%。丰富的光、热、水和生态资源条件，为西

① 《人民日报》，2016 年 4 月 26 日，05 版。

盟县将气候和生态资源优势转化为经济发展优势提供了先天条件，确定了“生态立县、绿色发展”战略，大力发展生态产业、绿色产业，走出了一条后发展地区产业“绿色崛起”之路。针对海拔高低不一，生态优势明显，立体气候明显的基本县情，西盟县在产业扶贫进程中，根据省委、省政府打造“八大产业”和世界一流“绿色食品牌”的战略部署，针对发展扶贫产业存在配套设施薄弱、产业项目选择难、劳动力素质水平低、利益联结联而不结、新型经营主体作用发挥不明显等实际，充分考虑本地光、热、水、土等资源现状和产业基础、市场需求、技术支撑、新型经营主体带动能力、产业覆盖面等因素，结合县内贫困户经营能力和脱贫需求，走出一条“四个全覆盖”和“六联六金”产业扶贫新路子。

1. 产业扶贫“四个全覆盖”的具体做法

积极探索产业扶贫新路，做到产业项目全覆盖、龙头企业带动全覆盖、利益联结全覆盖、技术培训全覆盖，把贫困群众全部纳入到主导产业里面，助力全县近3万贫困群众持续增收，脱贫不返贫。

（1）政府统筹，产业项目全覆盖

精准选择橡胶、茶叶、甘蔗、畜牧、文化旅游作为五大产业着力打造，并不断培育壮大蜂蜜、咖啡、米荞等特色产业，实现每个乡（镇）至少有1个产业基地、1个养殖示范小区，实现每个主导产业都有1个以上主导产品、每个贫困村都有1个以上主导产业、每个农户都有1个以上产业项目扶持。

（2）招商助企，龙头带动全覆盖

通过“公司＋基地＋农户”模式，引进了省级龙头企业7家和市级龙头企业2家，创办各类农民专业合作社124家，建设对口基地达30

多万亩，实现所有主导产业均有龙头带动。比如：采取“龙头企业＋平台公司＋合作社＋贫困户”的模式，以肉牛龙头企业为带动（负责肉牛养殖、加工、销售，开展农户技术培训，做好股份收益分成）、以西盟县扶贫开发投资公司为平台（县政府整合涉农资金委托县扶贫开发投资公司负责小区基础设施建设和云岭牛采购）、以云南省农业厅项目和技术保障为支撑，开展生产合作、劳务合作、资金合作。在生产合作环节：引导支持贫困户扩大饲草种植规模，并给予一定生产项目补助（皇竹草补助生产资料 700 元 / 亩，青贮玉米补助生产资料 200 元 / 亩）；肉牛企业公司与各村民委员会签订饲草订单收购协议，稳定贫困户收入，现已种植饲草 2.6 万亩，覆盖建档立卡贫困户 3470 户 11858 人，人均增收 1597 元。在劳务合作环节：合作社组织建档立卡贫困户赴养殖小区务工获取劳务收入，人均 100 元 / 天。每年可带动 500 名建档立卡户进场务工 90 天，劳务总收入 450 万元；肉牛企业公司组织建档立卡户开展以劳代训，参与建档立卡户每年可获得培训收益 400 元；同时也带动具备运输能力的农户增加饲草运输收入。在资产收益合作环节：一方面，大力弘扬“早干多支持，晚干少支持”的政策安排，产业扶持资金形成的资产收益，贫困户必须参加劳动才能获得，即通过到牛场务工或从事相关公益性岗位获取收入，坚决杜绝养“懒汉”，让贫困户通过劳动获得有尊严、可持续的收入。另一方面，鼓励群众通过土地或资产入股，获取股金分红。

（3）发展共享，利益联结全覆盖

有序推进资产收益扶贫，开展股份联结、劳务联结、订单联结、租赁联结、保险联结、激励联结等利益分配方式，在不改变资金用途的情况下，将产业扶贫资金和其他资金投入设施农业、养殖、乡村旅游等项目形成资产，并折股量化给贫困户，通过收益形成村集体经济，实现资产（资源）变股权、资金变股金、农民变股民、收益有分红。比如：西盟“红太阳”合作社与肉牛龙头企业、贫困户分别签订合作协议，带领贫困户发展饲草种植。合作社与企业签订的饲草订单，既能保证饲草的销售，也得到了企业资金、技术支持，实现快速发展。“红太阳”合作社已带动200余户建档立卡贫困户种植青贮玉米、皇竹草等2000多亩。

（4）提升能力，技术培训全覆盖

为了让贫困人口掌握更多致富本领，分产业、分类别对农户开展技能培训。2017年以来，全县共举办割胶、甘蔗、茶叶等各类专业技术培训76期，培训建档立卡户5880户。特别是在肉牛产业上，建立以省草地动物科学院专家为主的技术服务组，举办饲草种植、肉牛养殖技术培训班24期，培训建档立卡户3018户。

2. 产业扶贫“六联六金”的具体做法

按照“联得上”“结得好”“稳得住”的思路，在产业扶贫中创新利益联结机制，通过“订单、股份、劳务、租赁、保险、激励”六个联结，让户户有增收项目、人人有脱贫门路，助力贫困群众脱贫致富奔小康。

（1）订单联结，群众当卖家收“现金”

对有产品销售需求的贫困户，发挥新型经营主体带动作用，引导新型经营主体优先与其签订农产品购销合同，形成稳定的购销关系，按照“保底价格+浮动价格”等保护价收购。如：省级龙头企业西盟昌裕糖业有限公司与建档立卡贫困户签订甘蔗收购协议，对建档立卡户生产的甘蔗承诺全部收购以外，确保价格稳定，并在市场好的情况下，适当对建档立卡户提高收购价格。公司共带动农户5263户22811人，实现人均年增收2375元以上。

（2）股份联结，群众当股东分“股金”

贫困户把土地（林地、草地、水面）等资源经营权、自有设施设备、扶贫小额信贷资金以及折股量化到户的集体资源资产资金、财政支农资金等，根据自愿的原则，入股新型农业经营主体，贫困户按照“保底收益 + 按股分红”的方式获得收益。如，西盟县实行认养 1 头牛、种好 1 亩草、入好 1 份股、打好 1 份工、脱贫 1 个人“五个一”云岭牛养殖收益模式，鼓励支持农户以扶贫到户资金和小额信贷资金以村集体经济为平台参与云岭牛养殖，县扶投公司按每股 10000 元折股量化到村集体经济组织并兑现年 4%—4.5% 的股金收益，农户通过村集体经济组织（村民小组脱贫工作委员会）设立的公益性岗位，从事公益性劳动获得 4%—4.5% 的股金收益。

（3）劳务联结，群众当工人拿“薪金”

一是对有一定劳力的贫困人口，引导新型农业经营主体优先吸纳其长期就业或季节性务工，获得工资性收入。如，蜂业公司在西盟发展中蜂养殖项目中，除与建档立卡户实行订单联结外，还与当地 25 名贫困人口签订劳务合同，就地吸纳到蜂场务工，每月支付工资 2500 元 / 人，年收入可达 30000 元。目前，该企业带动全县建档立卡户 3810 户 11231 人，每人增收 2137 元以上；二是自营基地或园区的新型农业经营主体，根据经营管理需要，划出基地或园区部分片区、设施设备分包给贫困户管理，贫困户按照“保底工资 + 超产分成”的方式获利。如西盟橡胶公司以生产托管合作方式，按户划定胶园，委托建档立卡户长期生产经营，农户按约定比例获得固定收益加超产分成，实现人均年增收 4126 元以上。

（4）租赁联结，群众当房东有“租金”

对于贫困户拥有的闲置或低效利用的土地（林地、草地、水面）等资源和设施设备，引导新型农业经营主体优先流转或租赁，实行实物计租货币结算、租金动态调整等计价方式，确保贫困户获得稳定的租金收入。如，西盟县勐梭镇班母村贫困户以出租1200亩土地的方式，与本村红太阳合作社开展饲草饲料种植合作，收入的30%作为土地租金归贫困户所有。

（5）保险联结，群众当保户获“保金”

创新农业保险，开展农业价格保险试点，以金融保险兜底达到抵御自然灾害及市场价格波动风险能力，激发农民内生动力，增加经济收入，保障贫困户生产保金收益。一是实施天然橡胶“保险+期货”扶贫项目（试点），2017年承保胶林1.3万亩，参保胶农754户，理赔金额233万元。2018年，投保面积达90000亩，全覆盖建档立卡户种植面积39359亩，大幅减低了胶农种植风险；二是积极与太平洋保险公司合作，2017年投入120万元为肉牛购买了保险，其中：种公牛每头保费1500元、保额3万元，种母牛和育肥牛每头保费320元、保额1万元，大幅降低肉牛养殖风险。

（6）激励联结，群众当先进得“奖金”

一是结合现行劳务收入对外出务工的贫困户实行政策奖励。如，贫困户外出务工的，人均年纯收入在2万元以上（含2万元）3万元以下，奖励1000元。3万元以上（含3万元）4万元以下的，奖励1500元。人均年纯收入在4万元以上（含4万元）5万元以下的，奖励2000元。人均年纯收入在5万元以上（含5万元）的，奖励2500元。目前，全县外出务工人员达1.5万余名，人均可增收3.2万元；二是针对畜牧、橡胶、茶叶、甘蔗、文化旅游5个主导产业，制定出台了《西盟县精准扶贫产业扶持政策》，对参与产业发展的建档立卡贫困户实行精准帮扶。如，在饲草饲料规划种植区内种植青贮玉米的，每亩给予200—300元的政策扶持。种植1亩皇竹草的，每亩给予600—1000元的政策扶持。

3. 产业扶贫经验

西盟县产业扶贫的实践说明，脱贫攻坚离不开产业扶贫支撑，“造血式”扶贫换来的不只是脱贫奔小康的新成果，更是扶贫思维方式的再升华。主要有以下体会：

一是产业扶贫是脱贫攻坚的根本之策。给钱给物只能救急解渴，兴办产业才能开流活源，脱贫产业项目选择难、实施难、发挥作用更难，所以要针对每个贫困家庭自身特有的致贫原因，包括家庭成员结构、劳动力状况、技术特长和致富欲望等方面实际情况，因地制宜、对症下药，找出真正适合每个家庭的脱贫产业项目。同时，产业扶贫项目也要与贫困村优势特点、基础条件、远景目标相吻合。

二是产业扶贫关键在于定好位。每个地方都有自己的区位优势和资源禀赋，这就需要在深度调研的基础上，因地制宜进行规划定位，做到宜农则农、宜工则工、宜商则商、宜游则游、宜林则林，精准确定特色产业与项目，坚持系统化思维、多产业融合、全链条开发的思路，以政策的跟进、“能人”的带动、公司的介入，通过走“龙头企业+合作社+基地+贫困户”的互利共赢模式，不断拓展贫困户脱贫增收的产业空间，尤其要找一些成本小、见效快、风险低的中小项目。只有让贫困户尝到甜头、看到变化、得到实惠，才能坚定他们脱贫攻坚的信心和决心，激发源源不断的新动能。在产业扶贫中要尊重和顺应市场规律，更加理性地选择项目，更加科学地搞好产销，切实避免盲目跟风式的“一哄而上、一拍而散”，确保不发生贫困户增产却不增收的窘况。

三是产业扶贫要注重可持续发展。产业扶贫不能局限于初级产品的产销，更应通过后续的深加工、深开发来形成全链条，并让这个链条更好地助力贫困户的创业增收。要突出“科技+资本+人才”，通过改造升级生产线、培育特色品牌等途径，不断做大做强主导产业，形成产业集群。产业扶贫要走远，提高贫困户致富能力迫在眉睫。从这个角度来讲，政府职能部门既要加强宏观调控，也应通过培训提高贫困户应对市场的能力。

四是产业扶贫要充分调动群众积极性。脱贫的主体是农民和农业经营者，如果没有农民的积极参与，产业发展就失去了主体基础。要制订相应的扶持政策，真心帮扶农业经营主体发展好产业，发挥带头示范作用。要找准农户需求，结合农情实际，提高社会化服务水平，满足农业发展需要。

五是产业扶贫要不断优化政策扶持。大部分贫困村分布在边远地带，交通闭塞、产业基础薄弱，产业发展明显缺乏优势，只能通过政策的引导，吸引人才和科技要素流向农业农村。要帮助村集体选择好与本地资源禀赋相匹配、市场前景好、发展空间大的产业。要重点培育和发展贫困村致富带头人，重点扶持新型职业农民、家庭农场、农民专业合作社、农业技术联合社等新型农业经营主体发展。要加大农业科技扶持力度，出台农业科技扶持产业发展政策，鼓励新型农业经营主体引进农业新品种、新技术、新设施，为农业插上科技的翅膀。

六是一二三产业融合是实现产业脱贫的必由之路。激烈的竞争和农业技术的进步、生产效率的提升，促使农业自发地走向适度规模经营。发展适度规模经营的同时，应同步推进或后续跟进农村一二三产业融合，拓展农业多种功能，激活农村优势要素资源，在产业融合中逐步引导贫困户由单一种养业向农业、加工业和服务业融合，实现由单一的卖产品到卖文化、卖品牌和卖生活方式的转变，多渠道增加农民收入，加快推进农业农村现代化步伐。

4. 对西盟产业扶贫的理论思考

在精准扶贫“五个一批”中产业发展排在第一位，扶贫开发最主要的是靠产业发展。

第一，产业发展中必须重视产业链发展。农村产业包括农村第一产业、第二产业和第三产业。既然是产业，就有产业链，对农业产业来说，在产业链条中既包括提供农牧业需要的种子、化肥、农药、饲料、农业科技等环节，也包括农牧业生产环节、农牧业产品加工环节以及销售环节。在这个产业链中，如果单纯注重农牧业生产环节，而不注重加工和销售环节，可能会出现生产出来卖不出去问题，也可能带来生产附加值不高问题。西盟产业扶贫“四个全覆盖”中包括龙头企业带动全覆盖，通过龙头企业的全产业链增加了产品附加值，也解决了农产品销售问题。

第二，产业发展中必须加强农户在产业链的联结机制。农户在产业链中的联结机制，将解决分散农户和大市场对接问题。这种联结机制将是多元的，可以是农户和龙头企业、合作社或者市场对接。联结机制的形成既是市场行为，又可以有政府引导支持。西盟产业扶贫“四个全覆盖”中包括利益联结全覆盖，强化农户在产业链中的联结机制。在西盟产业扶贫中我们看到市场发挥了作用，同时政府也发挥了引导作用。

第三，产业发展中注重建设现代产业体系。科技创新是现代产业体系第一动力。随着经济发展，科技在农村产业发展中的作用将越来越增强。提高产业发展科技含量需要对农民进行培训，需要农牧业专家和农民对接。西盟产业扶贫“四个全覆盖”中包括技术培训全覆盖，举办割胶、甘蔗、茶叶等各类专业技术培训，建立以省草地动物科学院专家为主的技术服务组，举办饲草种植、肉牛养殖技术培训班。

案例一　中蜂产业："小蜜蜂"舞动脱贫道路 大山沟布满扶贫车间

西盟县在打赢打好脱贫攻坚战中，把产业扶贫与打造世界一流绿色食品牌紧密结合，充分挖掘"生态环境优越、养蜂基础广泛、蜜源植物繁多、四季鲜花盛开"的优势，积极发展不争资源、不争土地、不争劳力并且投资省、见效快、适合山区精准脱贫的蜜蜂产业。2018 年初，引入蜂业龙头企业，按照"托管式生产、孵化式培训、精品式打造"的思路，带动贫困群众稳定增收脱贫。目前，全县合作养殖中蜂 4 万群，覆盖建档立卡户 5118 户 1.55 万人，2018 年兑现产业扶贫收益金 1180 万元，实现户均增收 2300 元以上。

（1）托管式生产

政府整合各类扶贫资金 3200 万元，将资金下拨至各乡镇，由各乡镇将产业发展资金补助到贫困户。贫困户将到户产业扶贫资金委托村集体（合作社），村集体（合作社）统一托管公司集中养殖，带动贫困群众抱团发展产业，实现农户持续稳定增收。2018—2020 年，每群中蜂每年分别获得不低于 400 元、200 元和 200 元的收入。三年合同期满后，村集体（合作社）可与企业协商继续托管企业集中养殖，也可按照企业技术标准进行自主养殖，企业以协议价格订单回购蜂蜜。通过这种方式，实现了规模化经营、标准化生产、示范化推广。同时充分发挥企业先进的养殖技术、管理理念和市场优势，在勐梭镇班母村富母乃建立了全省最大的中蜂良种繁育示范基地，达 4000 群；建立中课镇永不落村勒马恩（灯台树地）、翁嘎科镇班岳村水库等一批养殖基地。

（2）孵化式培训

为确保三年托管期满后全县能涌现一批养蜂能手，蜂业公司在合同期内对农户开展技术培训，做到每个村集体（合作社）至少有 2 名以上的农户熟练掌握中蜂养殖技能，实现从托管养殖到独立发展的转变。具体做法上，村集体（合作社）按照每500群中蜂安排1个培训岗位，到企业参与6个月的以工代训，月收入2000元，三年共计培训240名养蜂能手。除了培训外，企业就地就近优先吸纳贫困农户实现就业，同时进行实操化培训，群众获得稳定持续的工资收入。班母村富母乃寨子二妹从自己待业在家到参与企业务工，再到以技术骨干身份赴分场进行技术服务，不仅自己获得了31200元/年的稳定收入，还以村民小组脱贫工作委员会宣传委员身份带领挂联贫困农户到企业就业增收。勐卡镇佤族小伙岩枪有养土蜂的经验，在企业务工学习3个月后，掌握了中蜂养殖的核心技术，如今已能够胜任500群小型蜂场的技术组长，是蜂产业技术孵化式培训成果的典型代表。为了让想养蜂、能养蜂的农户学习提高中蜂优良养殖技术，县政府统筹财政、农科、科协、人社、扶贫办等部门培训资源，开展中蜂饲养、疫病、管理等技术培训，每年700人次。农户阿龙在参加技术培训以后，自筹资金购买200群蜂种自己饲养，在企业技术人员的辅导下，岩龙的养殖技术进步很快，200群蜂一直很稳定，成为养蜂致富带头人的典型代表。

（3）精品式打造

依托蜂业公司的市场影响力、知名度和企业文化，融合西盟特色，注册“彩蜜坊”牌山林百花蜜，荣获2018第十四届中国昆明国际农业博览会优质农产品奖，是唯一获奖的蜂蜜产品。目前，正在积极开展优良生态原产地认证、欧盟有机认证、日本有机认证、HACCP质量体系认证、ISO9001质量体系认证等产品质量认证及企业管理体系认证。县政府出台《关于严禁在中蜂产业养殖场保护区域内引进外来蜂种及养殖其他蜂种的通告》，保护中蜂种质资源，保障中蜂产业健康发展。未来，还将积极探索在特色蜜源和中蜂养殖集中区建立中蜂保护区，严格管控农药，保护蜜源植物，确保全县所产蜂蜜品质。

案例二　养牛业：种草增收养牛致富铺就云岭牛产业扶贫新道路

佤族人民有信奉、饲养牛的传统习俗，牛图腾成为阿佤文化的核心和独有的民族符号。丰富的土地资源、独特的气候条件、灿烂的牛文化为西盟县种植优质饲草、发展云岭牛产业奠定了坚实的发展基础。西盟县委县政府紧扣云南省委省政府将云岭牛纳入省级战略层面，结合自身资源禀赋、文化优势、农民素养、产业基础，精选产业、优化路径、创新组织，抓住外部市场需求，找准稀缺比较优势，顺应供给侧结构性改革趋势，积极融入全省云岭牛产业发展战略，将云岭牛作为推进精准脱贫的优势特色产业强势推动。

2016年11月，在云南省农业厅的大力支持、帮助、指导下，西盟县人民政府与云南省农业厅、肉牛企业签订了《西盟县肉牛产业精准扶贫开发项目合作框架协议》，制定了《西盟县云岭牛产业发展规划》《西盟县云岭牛产业精准扶贫开发项目实施方案》，以“短期种草脱贫、中期养牛致富、长期品牌提升”为目标，按照“龙头企业+平台公司+农民专业合作社+贫困户”的组织模式，积极引入龙头企业参与扶贫，实现饲草、良种、养殖、加工、销售全程标准化、规模化、品牌化发展，健全完善建档立卡贫困户、专业合作社、企业利益联结机制。

（1）龙头带动，短期种草确保脱贫

按照“草畜配套、集中规划、量足、质优、加强保护、合理利用”的原则，科学规划种植小区，统筹优化粮改饲，建设饲草和青贮玉米高产高效试验与示范基地，对天然草地进行品种改良，实现合理利用，做到草畜配套。按照不同草种的特征特性和当地自然条件，选择青贮玉米、皇竹草、巨菌草等为首选品种，强化培训、加强管理、农机农艺配套，扩大种植面积，帮助贫困户短期内实现快速脱贫。全县规划建设标准化养牛场13个，已建成标准化云岭牛养殖小区9个，存栏种牛5458头。13个标准化云岭牛养殖场建成后，存栏将达到1.2万头，年需求青饲料9.6万吨，带动全县“粮改饲”及饲草种植的发展。科学的组织模式、合理的饲草价格（每吨350元），激发了贫困户种植饲草的积极性，建档立卡贫困户每年可用1亩地种植2—3季青贮玉米或皇竹草，完成青贮玉米8吨或皇竹草14吨的定量供应任务，就可获得2800元现金收入，是过去传统种植玉米的3倍以上。

（2）主体联动，中期养牛稳定增收

按照“规模养殖、统一管理、集中示范、辐射带动”的原则，建设标准化规模养殖场和养殖小区，实现规模养殖。建设班母村核心繁育场和育肥场，实行良种、饲养、防疫等统一管理，集中示范养殖种牛、母牛、架子牛和育肥牛，辐射带动各地育肥场，规范养殖母牛和育肥牛，降低养殖成本。在龙头企业的引领下，催生了一批养殖大户、种植大户、运输大户等新型经营主体，辐射带动贫困户和其他农户参与发展云岭牛产业，实现稳定致富。2017年，班母村7组组长已种植饲草100多亩，并通过与企业签订合作协议，免费获得企业提供的冻精技术，定期进行疫病免疫和指导管理，对所养的本地黄牛进行品种改良，犊牛出生6个月后，企业可按市场价统一回收。种植方面，催生了一批新的示范带动主体，例如带动了班母村“村社一体”组织——西盟县红太阳劳务服务农民专业合作社开展连片饲草种植，与建档立卡贫困户形成利益共同体，采用“农户出土地，合作社经营”的模式，使用机械化设备种植皇竹草1200亩，定点供应班母村拉巴科云岭牛繁育基地，既保障了云岭牛产业的稳定发展，又奠定了良好的群众基础。运输方面，催生了一批运输大户，十五组村民扎莫，每运输1吨青贮玉米可获得40元运费，已获利6000元。

（3）品牌促动，多措并举持续发展

实行标准生产，夯实品牌基础。严格生产标准，制定西盟县云岭牛企业标准，从“青贮饲料、精料、预混饲料、养殖环境与设施要求、防疫技术规程、生产管理技术规程、雪花牛养殖技术规程、牛肉分级”等八个方面制定西盟县云岭牛的企业标准。督促企业建立肉牛产品的质量控制体系（如进行HACCP体系认证），从牛种来源、繁育饲养、屠宰加工、产品流通等环节进行可追溯体系建设，对生产、加工、贮藏、运输、销售开展全过程实时监控。积极推进云岭牛屠宰加工厂建设，计划在西盟县工业园区建成年屠宰3万头肉牛的屠宰加工厂，完善西盟县云岭牛产供销全产业链配套建设。同时，聘请郭爱珍、孙宝忠等4名国家级技术专家担任技术顾问，为规模化扩繁、标准化养殖、高品质产品生产奠定了坚实的技术支撑。广泛运用生物工程技术、现代先进养殖技术、信息技术，利用好龙头企业所具有的《肉牛企业》《富滇》等农产品系列注册商标11类，涉及62个产品类别、200多个农产品商标、《一种生产雪花牛云岭肉的育肥方法》等7个相关技术专利，建立推广牛肉产品配套标准体系，推动云岭牛产业提档升级。

（4）政策撬动，聚合力量保驾护航

创新金融服务，激活发展潜能。一是创新金融产品。创新种牛保险、活牛抵押贷款、产业基金融资（省股权投资）、邮储贷款等；二是增加贴息支持力度。按照国家扶贫贴息贷款政策，争取引进中国光大银行、中国太平洋保险公司、上海浦发银行、云南诚泰保险、中国农业银行支持发展云岭牛产业，加大财政扶贫贴息资金对参与云岭牛产业全产业链的龙头企业、专业合作社和建档立卡户等经营主体的投入；三是扩大基金杠杆红利。探索设立特色产业贷款担保基金、担保公司，支持采取联合担保、专业合作社担保等方式为种养殖户提供信用担保服务，增加贷款规模，扩大金融支持；四是发挥保险兜底作用。积极探索保险模式，建立云岭牛养殖保险，政府提供部分基础设施建设、贷款贴息、能繁母牛保险，企业提供质押担保；五是改善公共法治环境服务。提升公共服务能力，在行政审批、项目建设等环节加快办理进度，减少产业发展的“肠梗阻”“弹簧门”。依托现有的农产品质量检测中心，加强质检机构和执法队伍建设，提升检测能力，对牛肉产品进行例行监测及定量抽检，做好监管工作。

小结：产业扶贫是巩固长期脱贫成果的根本举措。没有产业发展带动，很难脱贫；缺乏产业支撑，脱贫难以持续。只有产业发展起来了，贫困地区和贫困群众才能有经济上的持续来源，脱贫致富才具有根基。

三、素质脱贫——百炼成钢的干部和对生活充满信心的群众

打赢脱贫攻坚战，关键在党，关键在人，关键在干部素质和群众素质的提升。党的十九大报告提出“建设高素质专业化干部队伍”和“注重扶贫同扶志、扶智相结合”，为西盟县打赢素质扶贫攻坚战指明了方向。1950 年以前，西盟县整个社会发育程度很低，文盲占全县总人口 99.9%。1953 年开始，西盟佤族自治县开展了大规模扫盲行动，1954 年西盟县创办了第一所学校。到 1990 年全县仍有文盲 27946 人，占当时全县总人口的 35.99%，直到 2008 年才完成了扫盲工作。

干部能力素质不够、群众整体素质偏低，是制约西盟县打赢打好脱贫攻坚战主要障碍之一，主要表现在：一方面，干部能力素质不够。在脱贫攻坚工作推进过程中，有的干部对脱贫攻坚的认识不充分，“等靠要”思想严重。等着上级安排工作，等着上级想办法，等着上级给政

策。有的工作思路不清晰、工作方法不适应。有的扶贫干部从机关到基层，与“三农”打交道机会不多，对农业农村农民情况不熟悉，有知识贫乏的恐慌，有经验不足的恐慌，有环境不适应的恐慌。有的扶贫干部对精准扶贫政策掌握不深不透，在应对乡村治理、产业扶贫项目安排、贫困户利益联结机制等方面感觉比较吃力；另一方面，群众整体素质偏低。西盟县属典型“直过民族县”，长期以来，群众素质低、生产方式落后、生活不会计划、发展意识和能力不高等客观条件制约，制约很多扶贫项目落地落实。全县人均受教育年限仅为6.91年，控辍保学难度大，义务教育阶段孩子辍学、厌学等情况不同程度存在。有的贫困户错误地认为脱不脱贫是政府的事情，是驻村“第一书记”的事情，与自己无关，好吃懒做、“等着扶、躺着要”。有的贫困群众仍然存在着建起了新房，还不起债；住进了新居，仍然沿袭着不爱洗衣、不爱洗被、不爱洗澡及居住环境脏乱差的生活陋习。

为破解这些难题，西盟县坚持群众要脱贫，干部先脱“思想贫”“能力贫”，把干部素质和群众素质提升一同研究、一同部署、一同推进。一方面，注重提升扶贫干部的综合素质，加强扶贫干部对扶贫工作的认识，加大对扶贫干部政策、技术、工作方式方法的培训力度，从根本上破解扶贫队伍人才瓶颈的制约，着力打造一支“懂扶贫、会扶贫、素质高、作风硬”的扶贫干部队伍。另一方面，注重培养贫困群众主体意识，注重提高贫困群众脱贫能力，注重改进帮扶方式，注重营造健康文明新风，激发贫困群众立足自身实现脱贫的信心决心，形成有劳才有得、多劳多得的正向激励，树立勤劳致富、脱贫光荣的鲜明导向。

1. 百炼成钢，全力打造一支专业化扶贫队伍

打赢这场脱贫攻坚战，如何排兵布阵，配置资源，确定主攻方向；

如何精准识别、精准帮扶、精准退出；如何选择产业确保群众稳定增收；如何抓好教育扶贫确保义务教育阶段孩子一个都不少；如何抓好健康扶贫确保群众“看得起病、看得好病、少生病”……这一切，都需要干部去落实，扶贫资金需要干部去分配，扶贫项目需要干部去推动，扶贫资源需要干部去集结，可以说，任何一个环节都离不开党员干部尤其是各级扶贫干部这群“关键少数”。干部是杠杆，要通过干部去撬动更多的群众。干部是阳光，要通过干部，让群众开出脱贫之花。干部要像帮助孩子走路一样，先扶着群众走，然后慢慢放开手，让群众自己走。这个过程需要让村庄有可持续的产业，教会村庄自我管理，这样的扶贫才是真正的扶贫。今天在脱贫攻坚的新战场，党员干部不仅是组织者、推动者，更是战斗员、主力军，应通过干部素质提升，带动群众素质提升。

（1）注重培养专业化队伍

村看村，户看户，群众看干部。坚持把专业队伍建设作为干部选拔配备的重要标准，把“学过、干过、管过”作为选任干部的重要条件，根据岗位需要合理选人。及时选派3名县直部门优秀干部担任乡（镇）政府正职，替换不胜任现职的干部，提拔6名乡（镇）副职担任乡（镇）正职，选拔20名乡（镇）科员、事业干部、村干部担任乡（镇）副职，配齐配强乡（镇）班子，增强乡（镇）领导班子对脱贫攻坚工作的核心领导力。同时，积极做好干部“双向挂职”工作，为干部锻炼提供多元化平台，选派2名正科级干部到上海、6名副科级干部市级部门挂职、择优选派3名选调生到县直部门挂职。结合村“两委”换届，将退伍军人、大中专毕业生、创业致富带头人等人才选进36个村“两委”班子，村干部队伍结构不断优化。将大中专毕业生、“村民小组脱贫工作委员会”委员等179名优秀党员人才纳入7个乡镇“青年人才党支部”进行培养，实现每个村均有2名以上后备干部，为村党组织书记带头人队伍提供后备人才保障。

（2）注重培养专业化水平

按需设置培训内容，坚持“干什么学什么”“缺什么补什么”的原则，整合党校资源，采取“走出去+请进来”的形式，依托“线上+线下”载体，开展形式多样的在职培训，解决干部“知识恐慌”“专业恐慌”和“本领恐慌”。根据中央组织部、省委组织部、市委组织部的名额分配，积极选派27名处级、科级领导参加全国边境地区脱贫攻坚专题研讨班、云南省普洱市脱贫攻坚培训班、全域旅游与旅游扶贫专题培训班、贫困县党政正职“学习贯彻习近平新时代中国特色社会主义思想，坚决打好精准脱贫攻坚战”专题研讨班的学习。对科级及以下领导干部、村（社区）干部、驻村第一书记、驻村扶贫工作队员和帮扶干部进行全覆盖培训。2016年以来举办县、乡及培训班79期，培训6167人次；2018年以来，共举办脱贫攻坚培训班4期，培训1475人次。各级各部门和乡（镇）建立干部夜校，对本单位本部门干部结合脱贫攻坚知识、行业特点进行全员培训，截至目前，共开展1474期103191人次参加培训。制定下发了《西盟县脱贫攻坚指挥部关于建立“乡村夜校”的通知》，各乡镇均及时制定了各自的“乡村夜校”工作开展实施方案，成立领导小组，并按方案指导各村开展教学工作。县、乡（镇）、挂包单位领导、专业技术人员等担任教师，已开班169期，38000余名贫困户、致富带头人参加学习。通过各级各类培训，实现了培训全覆盖，进一步增强了全县干部群众参与打好脱贫攻坚战的政治责任感和使命感，提高了组织实施精准扶贫精准脱贫的综合素质和能力水平，达到了培训的预期目标。

（3）注重培养专业化能力

干部从机关到农村，从办公室到贫困户，首先应该明确自身的“重要定位”，摒弃镀金和度假心态，一心当好“马向阳”。组建由县纪委牵头的明察暗访组，从帮扶情况、政策落实情况、档案资料情况、群众满意度情况等方面进行核查访问，查找精准扶贫工作存在的问题和短板，强化问题整改，以干部素质全面提升力促精准脱贫攻坚全面高质量推进，全面检验领导干部实战能力。始终把“不脱贫不调整、不摘帽不调离”作为一条铁的纪律来抓，加大宣传力度，采取有力措施，坚决将此项工作落到实处，保持乡（镇）党政正职稳定。但对于不胜任现职，对开展脱贫攻坚工作不力的3名乡（镇）政府正职，坚决予以调整，降职调整到其他岗位。对脱贫攻坚工作开展不力的2名乡（镇）副职降职使用，调整到其他乡（镇）科员岗位。充分利用“改非”干部工作经验丰富、业务精通的优势，选派2名“改非”干部到县属单位试点挂职，为县属单位工作重心下移到农村提供人力支持。围绕推动精准脱贫，以定点、定人、定户、定脱贫时间的工作机制，督促驻村工作队在脱贫攻坚工作中主动作为、积极贡献，发动宣传、收集民情民意、参与入户调查、带头服务群众等方式，2016年以来，驻村工作队共开展遍访宣传工作12.3万余次，走访贫困农户27.6万人次，为驻地办好事实事1200余件。

（4）注重培养专业化“铁军”

“贫困不除寝食难安，群众不富愧对人民”。西盟县从“学习、调研、干事、考核、督查”入手，着力打造一支佤山铁军，向“贫困”发起“总攻”。

“学习”成为制度。军令如山、学有章法。面对脱贫攻坚，能力和章法不强，就是学习不够。西盟县各级各部门干部职工每天坚持“半小时”的自学，特别是县处级领导干部和各部门“一把手”带头学习，率先垂范，重点学习习近平新时代中国特色社会主义思想和扶贫开发新理念新思想新战略，省委、市委脱贫攻坚重要决策部署、政策及重要会议、文件精神，坚持每次学有记录和认真指导运用于实践。

“调研”成为功课。为培养干部发现问题、分析问题、解决问题、改进工作的能力。全县各级干部走出办公室、深入最基层、掌握第一手资料，打破闭门造车，坐而论道，调研甘蔗生产、肉牛养殖、教育控辍保学等13个课题，为县委、县政府重大决策提供参考。通过及时调研和进行重大决策部署，茶叶、橡胶、蔗糖、民族文化旅游等产业产值超过亿元。

“干事”成为态势。实行党政主要领导“双组长”责任制，建立“县为主体、乡镇实施、工作到村、扶贫到户”的工作机制，县领导小组指挥部下设综合协调办公室、检查考评组、宣传组，指挥部下设14个工作组，负责研究脱贫攻坚的重点工作、难点问题，解决急需问题。县委书记、县长亲力亲为带头抓，在每个关键节点都提出具体指导意见；分管副书记、副县长全力以赴靠上抓，强力推进工作；各责任领导真抓实干靠前抓，各部门之间密切协作全力抓，形成合力；各乡（镇）勇于担当具体抓，各项目标任务都有专人负责，各项政策措施落实到位。

“考试”成为常态。坚持学有所思、所悟、所获，县脱贫攻坚领导小组指挥部办公室，拟出脱贫攻坚政策知识、党的十九大精神等试卷16套，在全县动员大会、周列会、县级检查验收时及相关部门进行考试。同时，在全县脱贫攻坚指挥部周例会采取视频现场抽考答题，每次由县纪委书记抽2名副处领导，3个挂包单位负责人，每个乡镇1名干部职工或驻村队员答题，会场气氛严肃紧张，答题者上台红脸出汗，县委书记现场点评，这样的抽考形式还常常出现在脱贫攻坚会议和各类培训会上，不但抽人答题，还会抽人复述前者答过的问题，让参会者压力倍增。“考试”已成为西盟县检查领导干部掌握政策，掌握村情民意的长效机制，强化了领导干部和扶贫队员学政策、用政策的积极性主动性。考试及抽答不是目的，也不以分数论英雄，关键是检验学习政策精神的理解和运用的程度，成绩作为干部年终考核的重要依据，对考试不及格的进行通报和复考，达到了领导干部真学政策、真懂政策、能用政策的效果。

“督查”成为震慑。认真组织党代表、人大代表、政协委员开展脱贫攻坚专项视察，对基础设施建设、产业扶贫等脱贫攻坚工作实施监督，针对存在问题提出具体的意见和建议；县纪委组织开展了脱贫攻坚监督执纪问责专项行动。县委督查室、县政府督查室整合各方督查力量，加强政策执行各环节的督查督办。通过进村入组召开组干部座谈会，进行漏评、错退的风险筛查，确定重点风险户，入户核实“两不愁三保障”达标情况，进村入户整改，要求各乡镇迅速行动抓落实，杜绝了脱贫攻坚不实、不力，不到位的现象，发挥了守住红线、不触底线的震慑作用。

2. 全力打造一支能脱贫会致富的农民队伍

人穷志不穷，扶贫必先扶志。想要打赢脱贫攻坚战，必须注重扶贫与扶志相结合，把贫困群众的积极性和主动性充分调动起来。

（1）统筹推进义务教育均衡发展，破解群众“教育贫困”难题

要实现稳定精准脱贫，持续巩固脱贫成果，阻断贫困代际传递，教育扶贫至关重要。教育扶贫是帮助贫困群众摆脱贫困、提升贫困群众内生动力的基础，是斩断“穷根”的治本之策。长期以来，西盟县始终坚持优先发展教育事业，全面贯彻党的教育方针，把义务教育作为经济

社会发展的基础性、战略性、全局性工作来抓，不断加大对教育的投入，优化教育资源配置，努力改善办学条件，积极深化教育改革，扎实推进素质教育，全面提高教育教学质量，着力推进城乡义务教育一体化发展，努力让每个孩子都能享有公平而有质量的教育。特别是2016年以来，率先在全县实行高中阶段“两免一补”政策，（免学费800元/年·生、住宿费160元/年·生，补助生活费200元/月·生）。实现所有乡村教师生活补助政策“全覆盖”，实施农村义务教育阶段寄宿制学生生活费补助“全覆盖”。在国家义务教育阶段“两免一补”教育政策基础上，还安排专项教育资金，对建档立卡贫困家庭子女义务教育期间的生活实行额外补助，把建卡贫困户子女读普通高中、中等职业教育阶段延伸享受义务教育阶段政策。对读大学（含高职）的建档立卡贫困家庭学生，采取政府资助一点、社会捐助一点、学生勤工俭学一点等措施，确保贫困在校大学生能顺利完成学业。深入开展“一个都不能少”活动，全采取干部包保、司法介入等措施，县小学、初中入学率和辍学率均稳定控制在国家规定标准范围内，义务教育基本均衡发展，高分通过省级验收。近年来，西盟县先后3次荣获市级教育目标管理考评一等奖，先后被授予“云南省规范教育收费示范县”“国家普及九年义务教育和扫除青壮年文盲县”“云南省促进贫困县初等教育项目工作先进集体”等多项荣誉称号。

（2）开展“自强诚信感恩”主题教育实践，破解群众“能力贫困”难题

开展“扶志”季，积极向贫困群众宣传党和政府的扶贫政策、惠民政策、脱贫考核政策，帮助群众算好家庭“收入账”“明白账”“经济账”，对群众提出的政策疑惑清楚明白的解释到位，让群众重拾信任。树典型。积极宣传身边的脱贫典型感化贫困户，营造“脱贫致富贵在立

志”的氛围。如，勐梭镇班母村 13 组，所有村民代表、党员代表等人都举手表示赞同全组退出建档立卡贫困户行列，并签了字按了手印。帮难处。力所能及帮助解决一些困难，使贫困户从心底认同，心存感激，才会满意。

开展“扶智”季。抓科普行动，提升农民技能。通过举办科普讲座、组织科技培训、普及科普惠农新政策等，逐步提升农户的综合素质，培养一批懂生产、懂技术、懂管理的新型农民。

开展“扶产”季。抓实贫困户增收项目。积极动员贫困户参与秋冬农业开发，合理安排种植计划，积极申报和争取扶贫项目为贫困户解决部分农用物资，确保每个贫困户至少有 1 个增收项目 1 门致富技能。抓贫困村产业培植。帮助各村制定出产业发展规划，提出年度项目建设方案，确保每个贫困村在“自强诚信感恩”活动中至少培植 1 个产业样板，打造 1 个“一村一品”特色扶贫产业示范点。

开展“助卫”季。组织广大人民群众清扫卫生、规范内务、整理床被、擦洗桌椅、打扫院落、清运垃圾，让贫困群众逐步养成文明卫生的生活习惯。各挂包单位积极引导村“两委”订立了村规民约，全县 36 个村 367 个村民小组已完成村规民约的制定，柴草乱垛、粪土乱堆、垃圾乱倒、污水乱流、畜禽乱跑的“五乱”现象已成为过去，全县农村展现给人们的是“一村一景”农民安居乐业的美丽村寨。

开展“助销”季，畅通销售渠道。各挂包单位充分利用自身优势，寻找对接市场，动员民间慈善组织、爱心人士等社会力量参与结对帮扶工作，帮助群众解决农特产品销售渠道不佳、产品滞销、产业增产不增收的问题。

开展“助业”季。建立贫困户就业台账。帮扶责任人积极收集用工企业缺工岗位需求，对照贫困户就业意向，筛选出适合贫困劳动力就业的工作岗位，将岗位信息送至贫困户家中，帮助贫困农户家中剩余劳动力与企业取得联系，促其上岗就业。各挂包单位根据贫困劳动力意愿和用工企业需求协调对接人社部门有针对性地开展培训，对拟转移就业的贫困户开展专项技能或初级技能培训，促其掌握上岗就业技能，提升贫困家庭就业创业能力。

（3）开展“我和老乡有个约定”活动，破解群众“思想贫困”难题

在脱贫攻坚工作中积极探索帮扶责任人与挂包户一同约定，一同努力，相互协作、相互信任，在脱贫攻坚道路上共同奋斗。在脱贫攻坚工作中，广大帮扶干部驻村入户，从老百姓“一针一线”的点滴做起，从事关老百姓衣食住行的繁琐小事做起，夯实脱贫攻坚基础。如：西盟县勐卡镇永业村八组岩板家走廊的铁线上挂满了衣服，干净的、脏的全部堆放在一起，让人视觉上产生脏、乱、差的感觉，挂包责任人岩生看到此种情况，就对挂包户提供晾衣架，而岩板则需要形成晾放衣物的好习惯。像这样的约定很多，如：我向挂包户提供饲料，挂包户要将家禽饲养出栏；我向挂包户提供茶叶种植技术支持，挂包户要做好茶叶中后期管理；我向挂包户提供助学资金申请，挂包户要督促子女做好控辍保学；我向挂包户提供县区就业岗位，挂包户要靠自己的劳动致富等。挂包责任人在驻村工作中就是从这些不起眼的小事做起，拉近了与贫困群众的距离，他们的工作也得到了群众的支持，极大地调动了贫困群众的主动性，群众积极投身脱贫攻坚工作中。坚持新型经营主体带动。驻村干部和各村第一书记是脱贫攻坚的主要推手，在脱贫攻坚的道路上发挥着想办法、出点子的角色。如：他朗村老党员岩哎，在驻村扶贫工作队和挂包帮扶干部“一户一策”精准帮扶下，积极参加橡胶管理技术培训，割胶水平提高了，收入增加了，安居房也建好了。在村民代表会议上第一个举手说：“我是党员，我带头脱贫！”随后，代表们都纷纷举

手表示愿意脱贫出列。

（4）着力改进帮扶方式，破解群众“能力贫困”难题

强化政策激励。因地制宜发展贫困户参与度高、见效快、收益稳定的种养殖业、林草业、农产品加工业、特色手工业、休闲农业和乡村旅游、扶贫电商，确保有劳动力的贫困户至少有一项稳定增收项目。积极开展转移就业，开发公益性就业岗位，发展扶贫车间，鼓励贫困群众通过劳动实现增收。采取以工代赈、劳务补助等方式，组织和动员贫困群众投工投劳。规范和推动资产收益扶贫，收益主要部分归村集体所有。杜绝“保姆式”扶贫，杜绝政策“养懒汉”。增强贫困群众脱贫本领。围绕贫困群众发展产业和就业需要，组织贫困家庭劳动力开展培训，确保每一个有培训意愿的贫困人口都能得到有针对性的培训，帮助其掌握实用技术和劳动技能，着力消除贫困群众脱贫致富本领恐慌。采取案例教学、田间地头教学等实战培训方式，强化信息技术支持指导，实现贫困群众科学生产、增产增收。组织有就业培训意愿的贫困家庭劳动力参加劳动预备制培训、岗前培训、订单培训和岗位技能提升培训，突出培训针对性和实用性，将贫困群众培养成为有本领、懂技术、肯实干的劳动者。提倡自助互助式帮扶。鼓励贫困户之间或贫困户与非贫困户之间组建脱贫互助组织，发挥各自优势，开展生产生活互助，形成守望相助、同舟共济的互帮互助机制。

（5）开展“文化扶贫”活动，破解群众“精神贫困”问题

开展扶贫题材文艺作品创作。组织文艺工作者深入脱贫攻坚一线，深入群众，创作了《佤部落》《阿佤人民再唱新歌》《深邃的牵挂》《阿佤山上扶贫路》《情系脱贫，话说小康》《精准扶贫，我们在行动》《诗记扶贫》《扶贫春歌》等一批反映贫困地区本地文化、展现贫困群众自力更生精神风貌的文艺作品，唱响脱贫攻坚主旋律。充分利用县“江三

木洛宣讲团”和“白鹇鸟生态文明宣讲团”进行“双语式”和“文艺式”特色宣讲，认真编排以民族舞蹈、歌曲、小品、说唱等文艺节目深入基层，用民俗文化表现“大道理”、形成“大共识”，使基层群众愿意看、看得进、看得懂。利用小广场、小文艺队、大喇叭开展群众性文化活动，把身边脱贫故事编排成歌舞，让群众在文化娱乐中掌握政策，充分发挥出农村文化阵地的宣传作用。“大喇叭”做到每天播一组脱贫政策、讲一个脱贫故事或颂一个脱贫典型；“小文艺队”做到天天有文化活动，月月有文艺演出。开办“火塘夜校”学政策。立足推动“乡村夜校”活动实用化、便民化，开展“课堂式大集中＋互动式小分散”的“动静结合”讲习，得到群众认可。

3. 实践经验

实践证明，素质扶贫关键在干部素质提升，核心在群众素质提升。通过干部素质提升，有助于推动群众素质提升。

素质扶贫，关键在干部素质提升。习近平总书记强调：“一个村子建设得好，关键要有一个好党支部。”脱贫攻坚是党交给的政治任务，要在规定时间内消除贫困，是一场攻坚战、一场配合战、更是一场对干部能力素质和为民情怀的考验战，需要打造一支“铁一般纪律、铁一般信念、铁一般信仰、铁一般担当”的铁军完成。要加强贫困地区基层党组织建设，突出政治功能，强化政治引领，巩固农村基层党组织的领导核心地位，不断增强基层党组织的政治领导力、思想引领力、群众组织力、社会号召力。同时，要围绕服务脱贫攻坚这个最大政治任务，始终把政治标准放在第一位，坚持事业为上，树立体现讲担当、重担当的鲜明用人导向，以建立素质培养、知事识人、选拔任用、从严管理、正向激励“五大体系”为着力点，倾力培养忠诚干净担当的高素质干部，切实把敢于负责、勇于担当、善于作为的优秀干部选派到脱贫攻坚主战场，把最优最强的工作力量汇聚到脱贫攻坚最前沿，推动各级干部在脱贫攻坚一线主动作为、主动服务、主动担责。

素质扶贫，核心在群众素质提升。奋斗创造美好生活，脱贫致富要靠自己创造。“扶志”是解决志向、斗志和信心的问题，让贫困群众拾得信心才能除穷根；“扶智”是解决思想观念和能力的问题，要引导贫困群众主动接受，送学送技，培训技能，学先进，更新观念，勤劳致富。“授人以鱼，不如授人以渔”，变单纯借助“输血式”的外部帮扶为“造血式”实质性的扶贫，才能真脱贫。只有坚持扶贫与“扶志”“扶智”相结合，为贫困群众补足“精神食粮”，激发贫困群众内生动力，才能从根上摆脱贫困，打赢脱贫攻坚战。

4. 对西盟素质扶贫的理论思考

在扶贫开发中，素质脱贫是根本。好的政策要通过干部来落实，好的政策起作用要靠群众内在动力，精准扶贫中提升干部素质和提升群众素质缺一不可。西盟在素质提升中，强调素质扶贫关键在干部素质提升，核心在群众素质提升，通过干部素质提升，有助于推动群众素质提升。

第一，提升干部素质要加强干部党性锻炼。全心全意为人民服务是我们党的宗旨。要牢记宗旨，心系群众。真正做到权为民所用，情为民所系，利为民所谋。作为直过民族县，西盟更是面临群众素质提升问题。要通过干部的素质提升，让每个干部变成一个杠杆，去撬动更多的群众投入脱贫攻坚。

第二，提升干部素质要加强学习。学习党的政策，学习专业知识，提高执行力。西盟坚持把专业队伍建设作为干部选拔配备的重要标准，把“学过、干过、管过”作为选任干部的重要条件，坚持“干什么学什么”“缺什么补什么”的原则，开展形式多样的在职培训，解决干部“知识恐慌”“专业恐慌”和“本领恐慌”。始终把“不脱贫不调整、不摘帽不调离”作为一条铁的纪律来抓。西盟从“学习、调研、干事、考核、督查”入手，百炼成钢，打造专业化“铁军”。

第三，提升群众素质要解决精神贫困。精神扶贫就是要提升贫困群众的文化认知水平，让他们形成摆脱贫困的思想自觉，树立积极进取的价值观念。习近平总书记指出：“乡亲们要发扬自强自立精神，找准发展路子、苦干实干”，习近平还强调“要从思想上淡化‘贫困意识’。不要言必称贫，处处说贫。”淡化贫困意识就要培养人们反贫困的信念和志气，使之逐步形成与现代生产和生活相适应的思想观念、道德品质和生活方式。西盟开展“文化扶贫”活动，组织文艺工作者深入脱贫攻坚一线，创作了《佤部落》《阿佤人民再唱新歌》等一批反映贫困地区本地文化、展现贫困群众自力更生精神风貌的文艺作品，唱响脱贫攻坚主旋律。

第四，提升群众素质要解决文化贫困。习近平总书记指出：“扶贫既要富口袋，也要富脑袋。”贫困地区的根本原因在于人力资本的欠缺以及人们对人力资本投资重要性的认识不足。提高人的认识和生产能力的根本途径就是教育。要摆脱贫困就必须重视和发展以教育为主的人力资本投资。习近平总书记高度重视教育在脱贫中的基础性和先导性作用，他说：“古人有‘家贫子读书’的传统。把贫困地区孩子培养出来，这才是根本的扶贫之策。”西盟统筹推进义务教育均衡发展，打响“控辍保学”攻坚战，取得了很好的效果。同时，西盟组织贫困家庭劳动力开展培训，确保每一个有培训意愿的贫困人口都能得到有针对性的培训，帮助其掌握实用技术和劳动技能，着力消除贫困群众脱贫致富本领恐慌。

案例一：西盟县勐卡镇通过“四抓四保”全面提升群众素质

抓训练保纪律。即每天早上“村民小组脱贫工作委员会”人员组织群众听励志、团结、奋进的歌曲，如《没有共产党就没有新中国》《国歌》《阿佤人民唱新歌》《胜利就在前方》《团结就是力量》等歌曲，增强群众爱党爱国爱家乡情怀，增强感党恩意识。开展队列训练，从稍息、立正、向左转、向右转、跑步等基本队列训练，边跑边喊口令，提振精气神，增强集体感。目前，勐卡镇已完成4个村的示范点培训。抓卫生保环境。即训练结束后，村民各自回家打扫卫生，家里家外、房前屋后清扫干净；组里的公益性保洁员、护路员、护水员等到各自岗位工作，组内脱委会巡查组同步巡查公益岗位人员工作完成情况，并记录考勤，以备兑现公益岗位工资。抓生产保收入。即卫生完成后，村民下地干农活，按节令抓好农业生产，落实好产业项目，确保农业生产稳固增收。村民小组脱贫工作委员会成员督促寨子里的懒汉、爱酗酒村民劳动，督促他们用自己的双手劳动增收，克服“等靠要”思想，引导他们树立劳动光荣意识。抓宣传保满意。即晚上开展乡村夜校活动，大家面对面谈心评比，从军训、卫生、劳动等方面进行，对做得好的进行表扬鼓励，差的上台自我批评，表态整改。会上还要讨论本组困难户如何帮，动员村民互帮互助，增强集体荣誉感。会上还要组织学习脱贫政策，每次2条。通过“四抓四保”，勐卡镇村庄治理更加有效，村民自治意识更主动，群众满意度、认可度增强了，群众脱贫信心也更强了。

案例二：西盟县“控辍保学”攻坚战

抓控辍保学工作的主要做法：第一，加强组织领导。西盟县将控辍保学工作提升到义务教育均衡发展、全县脱贫摘帽的高度来实施，成立了以县委书记、县长为组长、分管副县长为副组长的双组长制领导小组。制定下发《西盟县佤族自治县控辍保学实施方案的通知》(西脱贫发〔2017〕6号)和《关于印发西盟县佤族自治县控辍保学工作联席会议制度的通知》(西政办发〔2017〕65号)等文件，实行控辍保学工作县委常委挂乡镇、副县级领导挂村、“挂包帮”责任部门包村。县委、县政府与7个乡镇党委、政府及25个职能部门签订《推进义务教育均衡发展责任书》，责任书中明确了乡镇党委、政府、有关部门和学校在控辍保学工作中的责任，落实政府和教育两条线抓控辍保学工作。县委书记、县长多次召开“抓控辍保学推进会”，听取部门工作落实情况汇报，强化部门职责，研究工作对策。县委常委会、政府常务会专门听取并研究义务教育均衡发展工作，县人大、县政协开展控辍保学工作执法检查和工作专题调研，县委督查室、政府督查室、政府教育督导室开展工作督查，推进“一个都不能少”目标的落实；第二，明确部门职责。县级人民政府切实履行控辍保学的主体责任，加强县域统筹，完善措施保障，建立控辍保学工作联席会议工作机制、动态监测机制和目标责任机制，做好任务分工，明确相关部门职责和任务。各乡（镇）人民政府对本辖区控辍保学工作负直接责任，实行书记、乡镇长“一把手”负责制，负责劝返未返校学生。教育局负责全县控辍保学工作的组织实施，想办法留住学生。积极探索、研究解决“控辍保学”的新方法、新思路，加强中小学学生学籍管理。各成员单位严格履行各自职责，落实防辍控辍责任，建立控辍保学的长效联动机制；第三，强化工作措施。各义务教育学校教师始终把劝返学生回校学习作为一项重点工作，其他一切工作都为控辍保学工作开绿灯，只要有学生未到校，第一时间与家长了解情况，并利用晚上、周末反复进行家访，做学生和家长的思想工作，动员学生返校学习。学校按适龄少年儿童从未入学、短暂上学后又辍学、间断性和季节性流失等进行分类统计，统计清楚外出务工数量、地点和厌学在家情况，及时将摸底情况、精准数字报乡（镇）党委政府，全力做好辍学学生的劝返、复学工作。乡（镇）党委政府主要领导亲自带头抓控辍保学工作，驻村第一书记、工作队员、村组干部与学校教师一起进村入户，了解学生辍学原因、去向，宣传《义务教育法》，反反复复动员学生返校。县工会、团县委、县妇联、县残联等部门积极开展“我与老乡有个约定”“一个都不能少”等主题活动，全面进行“控辍保学”工作和教育扶贫政策宣传，做到家喻户晓、人人皆知、形成强大的舆论攻势；第四，完善学校管理。各学校通过强化管理控辍、质量控辍、帮扶控辍、情感控辍、活动控辍、安全控辍等工作，坚持用魅力校园吸引学生，全面加强学校内部管理，全面提升学校文化品位。建立和完善学生的学籍档案，加强学生学籍管理，对学生的流动实行动态管理，及时掌握学生变动情况。积极倡导针对学生的兴趣爱好，进行个性化教学，利用乡村学校少年宫、第二课堂、体、卫、艺等活动，努力营造良好的校园文化氛围，创设民主、平等、和谐、宽松愉快的学习环境和学生成长环境。针对家庭困难、学习困难、留守儿童、孤儿等厌学情绪严重、有流失苗头的学生，采取教师结对帮扶办法，开展学业辅导、生活资助、情感关怀和思想转化等方式，努力做到让特殊学生“学业有教、安全有保、亲情有护、生活有帮、困难有助”。对劝返的学生实行一对一帮扶和跟踪，及时了解和掌握学生动态。对无法入学的残疾学生，一是有辖区学校组织教师开展送教上门活动；二是有特殊教育学校开展送教上门活动；三是所有送教上门活动残疾学生学籍有送教上门学校做。西盟县凝聚全县力量汇集全县智慧，做到控辍保学不放弃任何一人、教育扶贫不遗漏任何一人，不让一个贫困家庭学生在教育路上掉队，继续强化工作措施，坚决打赢“控辍保学”攻坚战。

小结：西盟的贫困，是典型的“素质型贫困”。在提升群众素质中，西盟充分发挥干部作用，强调干部是阳光，要通过干部，让群众开出脱贫之花；先扶着群众走，然后慢慢放开手，让群众自己走。也通过扶贫攻坚，锤炼出一支爱民亲民、干事担当的干部队伍。

四、治理脱贫——“扶贫对象变扶贫力量”

党的十九大报告提出“要以提升组织力为重点，突出政治功能，加强基层组织建设”。随着西盟县农村经济社会的发展变迁，基层组织建设面临“制度困局”“组织困局”，在全力、全面、全速推进脱贫攻坚工作过程中，感觉到农村社会组织发展比较滞后，部分贫困户主体地位认识不到位，脱贫内生动力不足，已成为阻碍脱贫步伐的难题。主要表现为：一是基层党组织引领脱贫堡垒作用发挥不充分。村级党组织影响力、号召力、组织力不强，村集体经济发展严重滞后，带领致富的凝聚力不强，党员在群众中的威望不高，党员先锋模范作用发挥不明显。加强党的农村基层组织建设，加强党对农村工作的领导，已经成为打赢脱贫攻坚摘帽战、提升群众内生动力的迫切要求；二是乡村治理缺乏有效抓手。村委会和村党支部组织的治理效能不理想，村民自治权威受到挑战，农村工作中没有行之有效的抓手，没有发挥应有的组织功能。村规民约形同虚设，无人监管、无人执行，不良风气盛行、陈规陋习严重；三是农村组织化水平低。农村利益关系缺乏有效的整合和表达，农村社会组织之间缺乏适当的衔接，国家的一系列强农惠农政策难以真正落实到各个农户中去。同时，由于组织化程度较低，“小规模、分散化”的家庭经营导致农户与市场、生产与技术之间缺乏有效联系，制约了农业走上产业化、专业化和规模化之路，制约了实现乡村振兴；四是群众脱贫内生动力不足。随着脱贫攻坚力度的不断加强，部分群众生产生活条件好了，基础设施得到较大改善，然而思想却懒了，国家意识和集体观念逐渐淡漠，缺乏自力更生精神，“干部干、群众看”“靠着墙根晒太阳、等着别人送小康”“争当贫困户”等现象日渐突出，久而久之便只想“获得”不讲付出，在脱贫攻坚过程中出现等靠要等被动脱贫思想，导致内生动力不足。

党的十九大报告提出了加强农村基层基础工作，健全自治、法治、德治相结合的乡村治理体系的具体要求，为我们加强农村治理指明了方向。行政村下面的自然村或村民小组，几十户人家往往具有相近的血缘地缘关系，大家作为一个利益共同体，往往关系比较密切，管理半径较小，群众对脱贫攻坚工作的决策和监督较易操作。针对这些情况，西盟县认真贯彻落实习近平总书记“把夯实农村基层党组织同脱贫攻坚有机结合起来”的重要指示精神，按照“扶贫先扶志、扶贫必扶智”的工作思路，积极探索基层党组织重心下移和打通乡村治理“最后一公里”新途径，通过建强一支队伍、抓住两个关键、结合三种制度、坚持四轮驱动、落实五项职责、贯通六级联动，形成以“村民小组脱贫工作委员会”为载体，“党支部＋村民小组脱贫工作委员会＋合作社＋农户”抓党建促脱贫新模式，党建引领加强基层组织，机制创新激发内生动力，利益联结脱贫增收，真正实现贫困群众精神与物质“双脱贫”“双摘帽”，共同携手过上幸福美好新生活。在调动群众脱贫内生动力的实践探索中，西盟县逐渐形成了“123456”工作运行机制。

1. 西盟县创建村民小组脱贫工作委员会“123456”工作运行机制

（1）建强一支队伍，加强组织引领

出台《西盟县关于完善村民自治、提升农户脱贫攻坚内生动力的指导意见》和《西盟县关于进一步发挥村集体经济带动作用、在建档立卡贫困户中实施激励分配机制的指导意见》，指导各“村民小组脱贫工作委员会”结合本组实际，组织发动群众落实各项脱贫攻坚政策，包括推动本组产业发展、组织外出务工就业、调解邻里纠纷、整治环境卫生、宣传惠民政策等工作。同时，对农户数量在100户以下的村民小组设委员5名，户数达100户以上村民小组设委员7名。“村民小组脱贫工作委员会”由村“两委”和“村民小组”党支部组织召开村民大会，推荐选举产生生产、生活、宣传、治安等委员，并在委员中选出1名主任（一般由村民小组长或党支部书记兼任）。

（2）抓住两个关键，破解突出难题

抓住两个关键——组织化程度、利益联结机制，有效解决群众参与的关键机制问题，着力破解农民组织化程度偏低，利益联结不紧密两个突出问题。

第一，提升组织化程度。一是构建基层自治体系，即“党支部＋村民小组脱贫工作委员会＋农户”。以“村民小组脱贫工作委员会”为载体，在村规民约的基础上，群众以组织的形式参与到基层自治的各个环节，使其主体作用得到有效发挥，切实提高基层自治的组织化程度；二是不断壮大集体经济，即“党支部＋村民小组脱贫工作委员会＋合作社＋农户”。以村社一体的合作社为载体，在合作社章程的基础上，群众以社员或辐射带动的形式参与到集体经济发展的全过程，盘活其土地、劳动力等资产、资源和资金，提高小农户组织化程度，增强抗市场风险能力，促进产业发展、增加实际收入；三是突出党员传帮带。即党员（委员）“一帮一带”。“村民小组脱贫工作委员会”60%以上的委员由党员担任，按照各自特长分别担任相应职务，主任及委员每人负责联系10—20户农户（包括建档立卡户和非建档立卡户）。

第二，构建利益联结机制。一是设岗定责、资产收益激励分配，做到整合分红资金、按需公益设岗、按岗分类择人、按劳取酬脱贫。“村民小组脱贫工作委员会”紧紧围绕唤醒自尊、树立自信、培养群众“劳动脱贫”意识，根据组内实际情况，设置不同的发展生产类和公共服务类工作岗位，重点设置了生产发展岗、水电维护岗、保育看护岗、环境清洁岗、道路维护岗、河道维护岗等岗位；二是村社一体、集体经济二次分配，做到对内社会化服务、对外联企业市场、引领户发动获二次分配、贫困户参与节本获增收。在党组织和党员的引领帮带下，充分发挥村社一体合作社、种养大户等新兴经营主体和致富能人、设岗定责贫困户劳动力等人力资源潜能，有效整合自发筹集、银行融资、社会帮扶、政府支持、产业分红等资金来源，积极利用集体土地、机械设备等固定资产。积极探索建立扶贫资源资本化投入机制，在不改变资金用途的情况下，将财政专项扶贫资金和其他资金投入合作社，用于资产收益扶贫的财政投入所形成的资产，收益权优先分配给贫困户和“村民小组脱贫工作委员会”，建立集体资产收益向贫困户倾斜的动态分配机制，最大程度盘活资源、资金和资产，实行折股量化到人进行合股联营。对内实行有偿的社会化服务，如统一供销服务、劳务外包服务、机械租赁服务、技术托管服务、中介信息服务等；对外通过股份联结、劳务联结、订单联结、租赁联结、保险联结、激励联结等利益联结机制对接龙头企业或市场，壮大集体经济，贫困户参与降低成本获得增收，引领户发动实现二次分配。

（3）结合三种制度，提升治理水平

结合三种制度——自治、法治、德治，有效解决乡村治理的运行制度问题，着力提升乡村综合治理水平。

第一，自治，即完善奖惩机制、量化管理考核。一是自治机构履职尽责、村规民约入心间。大力弘扬“早干多支持，晚干少支持”的政策安排，全县367个村民小组与群众订立了由村民大会自发制定的接地气、得民心、贴实际的《村规民约》《村民公约》《卫生公约》等，通过立规矩、定奖惩、算积分实现群众自我教育、自我管理、自我服务和自我监督；二是监督考核量化到人、激发主动自觉自律。按照每户贫困户每年基础积分100分计算，由村民小组脱贫工作委员会委员对贫困户参加产业发展、自主创业、政策知晓、家庭卫生、集体劳动、村组大会等方面进行考核打分，评选结果在村组文化广场的“贫困户红黑榜”上公示。对部分贫困户依赖思想严重，不参加公共事务、不按要求参与脱贫和发展产业，甚至违法乱纪、阻挠村镇脱贫等，在村民代表大会上通报批评和张榜公示，并给予一定程度上经济处罚。对“等着要、躺着扶”、赌博酗酒、好吃懒做、铺办酒席等不良习气，除做出具体规定和惩治措施外，村民小组脱贫工作委员会继续关注其生产和生活情况，主动帮助解决影响基本生活的特殊困难，并由对口帮扶干部进行扶志扶智教育，帮助从思想精神上摆脱困境、树立信心，“心热起来”“行动起来”，激发主动自觉自律精神。

第二，法治，即推进依法治理、营造法制环境。一是有法必依、执法必严、违法必究。加强基层法治力量，建立重心下移、力量下沉的法治工作机制，选派公安局等公检法单位以挂职锻炼、分片包村、驻村扶贫等形式强化基层法治队伍，改善基层基础设施和装备条件。严格依法办事，及时依法处理矛盾纠纷，畅通信访渠道，为群众答疑解惑，解决实际问题；二是学法懂法记于心、守法用法见于行。发挥基层党组织在全面推进依法治理中的战斗堡垒作用，增强村民小组脱贫工作委员法治观念、法治为民的意识，推进乡村治理制度化、规范化，消除产生和激化干群矛盾的体制根源。完善村民议事或村民代表议事会制度，继续坚持做好村务公开、党务公开，逐步完善信息公开制度，保障党员和群众的知情权，村民小组脱贫工作委员会要在经过村民议事会或村民代表议事会讨论决定后执行相关事项，让人民群众广泛参与依法治理。

第三，德治，即弘扬核心价值、厚植文明新风。一是爱国爱党、遵纪守法、诚实守信、勤劳致富。坚持把弘扬社会主义核心价值观与践行《西盟公约》结合起来，开展“自强诚信感恩·争做时代新人”活动，教育引导全县各族人民感党恩、听党话、跟党走，争做爱国爱党、维护边疆稳定和民族团结的模范，争做自立自强、诚实守信、勤劳致富的典范；二是脱贫光荣、尊老爱幼、干净整洁、热心公益。积极倡导现代文明理念和生活方式，坚持把《西盟公约》融入行业规范、职业守则、村规民约、村民公约等各类行为规范，特别是要把“两不愁、三保障”等建成小康社会目标和省纪委、监察委明确规定的农村操办婚丧喜庆事宜融入村规民约，引导群众弘扬核心价值，厚植文明新风。

（4）坚持四轮驱动，激发内生动力

坚持四轮驱动——目标引领、技术支撑、激励机制、保障服务，有效解决发展动力的内在驱动问题，着力激发群众内生动力。

第一，目标引领，即“两不愁、三保障”，追求美好向往。一是围绕脱贫目标。把脱贫攻坚与“听党话、感党恩、跟党走”感恩教育有机结合，深入开展“自强、诚信、感恩”主题实践活动，将党和国家的扶贫政策、各级帮扶干部的真情投入和扶贫措施带给群众的实惠，通过各级帮扶人员宣传教育，触发知恩感恩报恩和自立自强意识。开展先进事迹宣讲、召开群众大会、开展民情恳谈等方式方法，脱贫户现身说法、畅谈脱贫前后变化，用身边事带动和教育身边人，为贫困群众树立“看得见、摸得着”的模范典型，引导围绕“两不愁、三保障”树立坚定目标，通过辛勤劳动、发展产业、靠自己的努力脱贫致富，让贫困户学有方向、赶有目标，增强主动找出路、主动发展产业的动力；二是追求美好生活。通过实行扶贫与扶志相结合，扶贫扶志扶精神，脱贫脱困脱俗气，从根源上改变贫困群众的落后观念和思想，贫困户“等靠要”思想，“精神贫困”问题得到有效解决，农村各种陈规陋习得到有效遏制，“等着送小康”的懒汉心态、“靠人来救济”的依赖观念、“要钱还要物”的功利想法少了，实现“要我脱贫”到“我要脱贫”的转变。

第二，技术支撑，即产业技能、劳务技能，提高增收能力。一是产业技能、提高产业效益。坚持高质量发展，把科技支撑、提高产品品质作为延长产业链条和提高附加值的重要抓手。创新科技服务机制，全县农技人员实行划片包干、责任到人、培训到户，农技人员签订产量目标责任书，实现技术培训全覆盖；二是就业技能、获得就业能力。通过劳务培训、技能培训、相互学习等方式提高群众主动适应就业市场需求。按照对建档立卡贫困劳动力“100% 培训、100% 提供就业岗位、50% 转移就业”的要求，采取农村劳动力转移就业培训、新型职业农民培育、农村实用技术培训、就业创业培训、农村劳动力创业培训、农村青年创业致富“领头雁”培训、巾帼脱贫行动计划培训、残疾人特殊群体的就业培训等多种方式实施精准培训。在加强培训的同时，强化宣传动员，积极引导外出务工，促进就近就地转移就业。

第三，激励机制，即按劳取酬、跟踪培养，增强发展动力。一是按劳取酬，做到公平正义、兼顾效率。严格规范运行资产收益激励分配，整合分红资金、按需公益设岗、按岗分类择人、量化考核监督、按劳取酬脱贫，达到乡村有效治理，达标脱贫出列。不断强化集体经济二次分配，着力打造以“村民小组脱贫工作委员会”为载体的村级“扶贫车间”（村集体经济组织），盘活农村资金、资产、资源，对内进行劳务外包、机械租赁等社会化服务、对外与企业市场通过生产合作、劳务合作、股份合作建立多元利益联结，获得综合收益，引领户发动获二次分配、贫困户参与节本获增收，激发基层村组干部、“村民小组脱贫工作委员会”委员、合作社能人大户积极性，发挥主观能动性，放大辐射带动能力。实行转移就业收入奖励政策，鼓励建档立卡贫困户外出务工人员创业就业、多劳多得；二是跟踪培养，做到一线锻炼、后备使用。强化队伍结构和培养管理，在队伍建设上“双推进”，促进优秀县乡干部、先进脱贫工作委员会委员、小康引领户、光荣脱贫户队伍建设和人员机制。通过评选表彰光荣脱贫户，选树脱贫先进典型，为脱贫户颁发脱贫光荣牌证，以村为单位发布脱贫光荣榜，开展先进事迹宣讲。将“村民小组脱贫工作委员会”委员讲履职情况、评工作先进，介绍入党、进入村“两委”班子等。

第四，保障服务，即组织保障、要素保障，提供坚强支撑。一是组织保障。成立了发展产业工作组，负责制定产业发展政策，统筹脱贫攻坚产业发展项目设置，督促指导各乡（镇）发展产业脱贫，解决产业脱贫工作的重点和难点问题。成立县农村劳动力转移就业工作领导小组，负责全县农村劳动力转移就业相关工作协调和落实，建立了联络员机制和乡镇劳务服务站，全县共36名村内联络员负责对本村外出务工人员的联络工作，7个劳务服务站内各设1名劳务经纪人专门负责。建立务工地联络员跟踪服务机制。二是要素保障。始终瞄准住房、教育、医疗、交通、水利、电力等基；短板，全力实施村村组组通硬化、农村安全饮水、贫困村通动力电、村卫生室达标、控辍保学等补齐短板专项行动。

（5）落实五项职责，强化责任落实

落实五项职能——综合、生产、生活、治安、宣传，有效解决乡村发展的职责操作问题，着力强化各项责任落实。主任——主要职责是促脱贫攻坚、致力乡村振兴。在村“两委”的领导下，统筹协调推进乡村治理、脱贫攻坚，致力乡村振兴。带领“村民小组脱贫工作委员会”委员和本组村民依照《村规民约》，管好本组内一切事物，带领本组村民大干生产发展、大干基础设施建设、维护环境卫生干净、确保所有孩子都接受义务教育等。生产委员——主要职责是促产业兴旺、生活富裕。在委员会领导下，负责做好督促生产、推广技术、对接供求、提高效益。组织好本组村民大干产业发展，通过规模种植茶叶、橡胶、蔬菜、水果，及养殖肉牛、生猪、鸡鸭鹅等。生活委员——主要职责是生态宜居、乡风文明。在委员会领导下，负责做好整治环境、注意卫生、移风易俗、倡导新风。组织好本组水电路、环境卫生、绿化、河道整治等建设、管理工作，保证组内环境整洁、卫生、优美。治安委员——主要职责是促治理有效、团结和睦。在委员会领导下，负责做好调解纠纷、化解矛盾、制止违禁、维护稳定。做好本组矛盾纠纷的排查和调处工作，及时化解村内不稳定因素，调处村民纠纷，促进邻里团结，维护本地稳定等。宣传委员——主要职责是促社会稳定、文化繁荣。在委员会领导下，负责做好信念教育、政策宣传、心理疏导、文化传播。把党的路线、方针、政策，通过算账对比、典型动员、外出参观等方式传达到所有村民心中，传达到田间地头。

（6）贯通六级联动，广泛凝聚合力

贯通六级联动——县、乡（镇）、村、组、户、人，主要解决党政民心的内在联结问题，着力广泛聚合各方合力。县，即县委、县政府。强化组织机构，成立以县委、县政府主要领导为组长的脱贫攻坚工作领导小组，下设党建阵地、发展产业、教育卫生、监督检查审计等10个工作组，统筹推进脱贫攻坚各项工作。乡（镇），即乡（镇）党委、政府。成立以乡镇党委、政府主要领导为组长的脱贫攻坚工作领导小组，下设办公室，统筹农业服务中心、城镇规划服务中心等各中心站所，并组建34个包村镇工作组、派驻各行政村参与脱贫攻坚工作，有效引领推动和严格监督各村脱贫攻坚工作。村，即村党总支、村“两委”、驻村扶贫工作队。整合人员组队，整合镇工作组、驻村扶贫工作队、村“两委”和水利员、护林员等“八大员”人员，组建驻村扶贫工作小队。包片分工负责，将村民小组按分片划定责任区，具体落实、统筹协调推进所负责片区党建阵地、发展产业等10项主要工作。组，即党支部、“村民小组脱贫工作委员会”。加强村组党支部组织建设，发挥党员“一带一”或“一带多”精准帮带作用。以脱贫工作委员为载体，交叉挂联建档立卡户和非卡户，充分发动依靠群众，严格按照《村规民约》《村民公约》等自治约定，接受村“两委”领导、村务监督委员会及全体党员和群众的有效监督，大力发扬基层民主自治，并与法治、德治相结合，实现乡村有效治理和脱贫工作顺利推进。户，即卡内户、卡外户。建档立卡户在“村民小组脱贫工作委员会”的领导下，通过设岗定责参与脱贫攻坚和乡村治理工作，聚焦保“五通”（通路、通水、通电、通广播电视、通网）、确“四有”（有文化室、有卫生室、有学上、有集体经济），经过有效监督和表决，定时按劳获得资产收益激励分配；非卡户主要通过村社一体合作社带动建档立卡户，开展生产、劳务和股份多元合作，完善利益联结机制，壮大集体经济，获得集体经济二次分配。卡内卡外户互联互助，实现共同发展，有效消除和化解矛盾。人，即有劳动力和丧失劳动力。引导强劳动力更多参与集体经济发展，对内进行社会化服务、对外通过订单、劳务、租赁、股份等多种利益联结机制对接龙头企业或市场，实现集体经济壮大、整合资金增值，进而获得集体经济二次分配。引导弱劳动力更多参与服务乡村治理，获得资产收益激励分配。丧失劳动力的，在盘活其土地等资产、资源、资金的前提下，经过“村民小组脱贫工作委员会”初定、村“两委”初审、村民代表大会表决等程序，享受福利性社会兜底保障。

2. 取得的成效和经验

通过在村民小组中成立“村民小组脱贫工作委员会”，探索出了符合边疆少数民族地区新时期扶贫工作新路径，全面强化了基层党组织领导核心地位，有效提振了群众脱贫的内生动力，提高了乡村治理水平和组织化水平，筑牢了边疆民族团结进步之基，广大群众“听党话、跟党走、感党恩”的意识增强了，在村村寨寨建起一支“永不撤走的工作队”，为打赢打好脱贫攻坚战奠定了坚实基础。此做法，先后受到国家、省、市有关领导充分肯定，国务院扶贫办主任刘永富同志批示“西盟县的做法和经验很好，各地要学习借鉴”；省委书记陈豪同志批示“此创新做法很好，应予宣传。”；省委宣传部部长赵金同志批示“请云南日报、云南广播电视台组织深入采访，分别在云报头版、云视云南新闻联播重头刊发，云南网新媒体刊发。”；市委卫星书记批示“要在全市推广，各县（区）结合实际创新完善。”

在村民小组中成立“村民小组脱贫工作委员会”取得的主要成效：

一是有效提升了基层党组织建设质量。将夯实农村基层党组织同脱贫攻坚有机结合起来，基层党组织建设下沉到村民小组和农户中，把政治过硬、公道正派、群众公认、发展生产能力较强的优秀党员和热爱农村、有知识、有见识的优秀年轻党员选拔到脱贫工作委员会委员岗位上来，筑牢党组织在脱贫攻坚一线的战斗堡垒作用，为实现乡村振兴建立一支“永远不走”的工作队，巩固了党在农村基层的执政基础，实现基层党建与脱贫攻坚“双推进”。

二是有效提升了群众内生动力。实行扶贫与扶志相结合，扶贫扶志扶精神，脱贫脱困脱俗气，鼓励他们通过辛勤劳动、发展产业、靠自己的努力脱贫致富，引导群众树立自力更生、脱贫光荣的理念和志向，从根源上改变了贫困群众的落后观念和思想、贫困户等靠要思想，精神贫困问题得到有效解决，农村各种陈规陋习得到有效遏制，“等着送小康”的懒汉心态、“靠人来救济”的依赖观念、“要钱还要物”的功利想法少了，实现“要我脱贫”到“我要脱贫”的转变。

三是有效提升了农民组织化程度。坚持发展多种形式的适度规模经营，通过“扶制”带动“扶志”“扶智”，所有群众都参与到脱贫攻坚工作中，不仅提升了农民的组织化程度及抗市场风险能力，还极大调动了社会资本和贫困群众积极性。同时，通过利益捆绑方式发展产业，吸引大量返乡人士回到家乡创业就业，为全县下一步实施乡村振兴战略储备了人才、项目和资金。扶贫产业项目带来了务工机会，很多农民成为产业工人，按时上下班，空闲时间喝酒等不文明风气得到有效制止，实现了经济效益、社会效益双丰收。

四是有效提升了乡村治理水平。坚持自治、法治、德治相结合，通过村规民约规定村民向上向善、孝老爱亲、重义守信、勤俭持家、爱护环境卫生、遵纪守法，引导村民自我管理、自我教育、自我服务、自我提高，实现了家庭和睦、邻里和谐、干群融洽，有效提升了农村组织化水平，最大限度消除了各类隐患，实现了边疆民族团结和谐稳定。

在村民小组中成立“村民小组脱贫工作委员会”取得的主要经验：

一是村民小组是基层组织建设中的最底层也是最重要的，管理的事务最具体、最直接，通过组建“村民小组脱贫工作委员会”，重新整合了力量，解决了人少事多和脱贫攻坚无机构统筹的问题。

二是“村民小组脱贫工作委员会”在上级党组织的领导下，体现了村民自治的形式，完善了农村自治体系的建设，构建起了全民共建共享的乡村治理工作格局，提升了农民组织化程度，提高了乡村治理水平。

三是“村民小组脱贫工作委员会”打通了基层党建和乡村治理“最后一公里”，实现贫困群众精神与物质“双脱贫”“双摘帽”，同时也将打造出一支“永不撤走的工作队”，必将成为实施乡村振兴战略的中坚力量。

3. 对西盟治理扶贫的理论思考

第一，村民小组层级的现代乡村社会治理。在构建乡村治理中面临的一个重要问题是，村民小组层级的乡村治理问题，也就是乡村治理“最后一公里”问题。有的地方采取的举措是村两委下沉，有的是在村民小组层级中建设组织。西盟在精准扶贫实践中，面对农民扶贫内生动力不足、农民组织化程度低、基层党组织引领作用不充分、乡村治理缺乏抓手等问题，采用了成立“村民小组脱贫工作委员会”的做法，打通了乡村治理“最后一公里”，并且逐渐在实践中形成和确立了发挥“村民小组脱贫工作委员会”作用的一套体制机制，打造了一支不走的扶贫工作队，不仅有助于精准扶贫，也将有助于乡村振兴，对今后实现农业农村农民现代化将有重要作用。因而，这里结合西盟“村民小组脱贫工作委员会”来思考村民小组层级的现代乡村治理。

第二，村民小组层级组织的成立依据和定位。在成立“村民小组脱贫工作委员会”中，面临一些问题，比如，“村民小组脱贫工作委员会”存在的法律法规依据？“村民小组脱贫工作委员会”和村两委的关系？“村民小组脱贫工作委员会”的定位？如何发挥“村民小组脱贫工作委员会”的作用？西盟是以脱贫工作委员为载体，交叉挂联建档立卡户和非卡户，充分发动依靠群众，严格按照《村规民约》《村民公约》等自治约定，接受村“两委”领导、村务监督委员会及全体党员和群众的有效监督，大力发扬基层民主自治，并与法治、德治相结合，实现乡村有效治理和脱贫工作顺利推进。

第三，村民小组层级组织的长期存在机制。也许从长远看更是“村民小组工作委员会”是乡村治理在村民小组层级的落实，是乡村治理的抓手和平台。“村民小组脱贫工作委员会”是以脱贫工作为抓手成立，并建立起来了相应的体制机制。随着时间的推移，当精准扶贫精准脱贫任务完成，当实施乡村振兴时，将以乡村振兴为抓手。从长期看，村民小组层级组织能否可持续？如果可持续，应该围绕哪些工作来展开？习近平总书记在参加十三届全国人大一次会议山东代表团审议时指出：“要推动乡村组织振兴，打造千千万万个坚强的农村基层党组织，培养千千万万名优秀的农村基层党组织书记，深化村民自治实践，发展农民合作经济组织，建立健全党委领导、政府负责、社会协同、公众参与、法治保障的现代乡村社会治理体制，确保乡村社会充满活力、安定有序。”[①] 从西盟的实践看，一是构建基层自治体系，即“党支部+村民小组脱贫工作委员会+农户”。以“村民小组脱贫工作委员会”为载体，在村规民约的基础上，群众以组织的形式参与到基层自治的各个环节，使其主体作用得到有效发挥，切实提高基层自治的组织化程度。“村民小组脱贫工作委员会”的成立，使村“两委”发展生产、带领群众致富和化解矛盾能力不断增强。“村民小组脱贫工作委员会”60%以上的委员由党员担任，主任及委员每人负责联系10—20户农户（包括建档立卡户和非建档立卡户），构建起以党组织为引领，“村民小组脱贫工作委员会”为载体，开展党员（委员）“一帮一带”活动为抓手，突出党员传帮带，致力于脱贫攻坚和公共事务管理的乡村治理体系；二是不断壮大集体经济，即“党支部+村民小组脱贫工作委员会+合作社+农户”。

① 《人民日报》，2018年5月24日，11版。

以村社一体的合作社为载体，在合作社章程的基础上，群众以社员或辐射带动的形式参与到集体经济发展的全过程，盘活其土地、劳动力等资产、资源和资金，提高小农户组织化程度，增强抗市场风险能力，促进产业发展、增加实际收入。西盟的实践让我们看到村民小组层级组织在乡村组织振兴中的作用。

第四，村民小组层级组织的经济来源。在西盟的实践中，采取构建利益联结机制的做法。一是设岗定责、资产收益激励分配，做到整合分红资金、按需公益设岗、按岗分类择人、按劳取酬脱贫。全县共开发生产类和公共服务类岗位 10507 个，并将肉牛养殖、中蜂养殖、生猪托管寄养等财政支农资金所支持资产收益扶贫项目形成的集体经济收益分配，与贫困户从事公益性岗位相挂钩，让贫困户通过岗位劳动获得资产收益分红，人均年增收 1000 元以上；二是村社一体、集体经济二次分配，做到对内社会化服务、对外联企业市场、引领户发动获二次分配、贫困户参与节本获增收。在党组织和党员的引领帮带下，充分发挥村社一体合作社、种养大户等新兴经营主体和致富能人、设岗定责贫困户劳动力等人力资源潜能，有效整合自发筹集、银行融资、社会帮扶、政府支持、产业分红等资金来源，积极利用集体土地、机械设备等固定资产。积极探索建立扶贫资源资本化投入机制，在不改变资金用途的情况下，将财政专项扶贫资金和其他资金投入合作社，用于资产收益扶贫的财政投入所形成的资产，收益权优先分配给贫困户和“村民小组脱贫工作委员会”，建立集体资产收益向贫困户倾斜的动态分配机制，最大程度盘活资源、资金和资产，实行折股量化到人进行合股联营。从西盟实践中我们看到，在村民小组组织运行中财政支持的重要性。

第五，村民小组层级组织在自治、法治、德治相结合的乡村治理体系中的作用。西盟的做法是，一是自治，即完善奖惩机制、量化管理考核。“村民小组脱贫工作委员会”紧紧围绕“两不愁、三保障”目标和乡村治理需要，进一步修改和完善《村规民约》，落实“早干多支持，晚干少支持”的政策安排，切实把思想引导和奖惩结合起来，用“正激励”和“负激励”，全面激发群众内生动力；二是法治，即推进依法治理、营造法制环境。要求有法必依、执法必严、违法必究。学法懂法记于心、守法用法见于行；三是德治，即弘扬核心价值、厚植文明新风。强调爱国爱党、遵纪守法、诚实守信、勤劳致富，脱贫光荣、尊老爱幼、干净整洁、热心公益。

案例一：勐梭镇帮母村十四组探索“村民小组脱贫工作委员会 + 企业 + 合作社 + 贫困户”模式，构建完善乡村治理新体系

西盟县勐梭镇班母村十四组是一个典型的拉祜族“直过区”深度贫困村寨，同时也是班母村因贫困面最大而大范围享受低保的村寨，更是全省唯一一个全建制建档立卡户村寨。社会发展形态的直过并不等于思想观念的直过，过去，十四组社会形态仍处于原始社会末期、奴隶社会初期与社会主义初期并存的阶段。经济发展处于原始农业经济、传统农业经济与现代农业经济交织，平均主义与按劳分配主义博弈的阶段。在原始宗教信仰与共产主义信仰的冲撞、社会形态的冲突和经济发展方式的交融下，拉祜百姓手足无措。不知如何处理“直过”带来的社会矛盾，对科学的发展方向认知不够，依然处于自给自足的自然经济状态，没有发展方向，是昔日班母村十四组的真实写照。面对生产资料匮乏、劳动技能落后的现状，班母村党总支从实际出发，创新基层党组织建设，构建乡村治理新体系，探索“村民小组脱贫工作委员会 + 企业 + 合作社 + 贫困户”模式，成立班母村十四组“扶贫车间”，把贫困群众纳入车间管理，依靠自己的双手获得报酬，极大地激发了群众的内生动力。

第一，基层支部引领方向疏通贫困堰塞湖。班母村十四组党支部组织全组党员力量，认真探讨分析以往带领群众增收致富、抓经济发展的做法，总结经验教训，召开民情恳谈会议，对全组党员群众发展情况进行分析研判。在全面掌握贫困情况的基础上，充分征求群众意见、结合多方考证，在保持现有村民小组设置格局的前提下，组建了“村民小组脱贫工作委员会”，建立了加强村户联系的纽带、架起了村户断层的桥梁。党支部召开党员大会，鼓励优秀党员要以身作则，带头示范。通过全组党员群众推选，选出“村民小组脱贫工作委员会”委员7人，由组长、组干部、优秀党员担任，采取分片包干的方式，7名委员分别联系3—8户农户，负责带领农户、管理农户、监督农户。“村民小组脱贫工作委员会”成立了，要解决下一步做什么、怎么做的问题。在这样的背景下，依托班母村红太阳劳务合作社，按照“扶贫企业 + 合作社 + 贫困户”的模式，成立班母村十四组“扶贫车间”，将有劳动力但无法通过自身发展实现脱贫的贫困户纳入“扶贫车间”进行管理，成为“车间工人”。通过合作社“牵线搭桥”，让贫困户与班母村十四组养蜂场建立劳务合作关系，养蜂场根据用工需要，为贫困户安排工作岗位，解决了10户贫困户固定就业问题、30余户临时务工问题。同时，采取边雇佣边传授技术的方式，让贫困户既能有收益也能掌握养蜂技术，针对有发展意愿、具有培养潜质的贫困户，聘用其成为企业固定工人，按照每月2600元的标准发放工资，每年可实现31200元的稳定收入。例如班母村十四组的二妹曾经待业在家，平时做点农活，没有稳定经济来源，加入“扶贫车间”后，通过务工获得了稳定经济收入、掌握了养蜂技术，她还把寨子的9个贫困户介绍到蜂厂务工，承担起带领群众共同发展的责任。“过去我不知道什么是党员，自从看到驻村工作队员从昆明大城市来寨子为我们办事，整天为我们老百姓脱贫操心，很感谢他们，我也想成为一名党员，带着乡亲们跟着党员，跟着扶贫队员做一些事情来增加收入，我已经交了入党申请书。以后我自己想养50群蜂，把家乡的蜂蜜买到北京，想到北京看看去旅游。”这是二妹的心里话，相信也是每一名“车间工人”的心里话。

第二，邻里党员帮带前行攻克智志上甘岭。班母村党总支不断强化党员教育管理，在班母村十四组推行党员“一带一”帮带脱贫机制，由党支部牵头协调，结合村组实际，采取“一带一、一带多”的方式，7名党员与15户建档立卡贫困户结成帮扶对子，签订了帮带责任书，为想创业能干事的1户或联合创业的多户贫困户进行政策引导、技术帮扶、管理指导，帮助解决贫困群众致富无门路、无技术的难题，真正让党员行动起来、贫困群众参与进来，解决了“吃饭端碗”的问题。“没米下锅”可不行，班母村驻村工作队员得知这一做法，积极与挂钩单位对接，为班母村十四组开展“一带一”帮扶工作争取到了挂钩单位、帮扶责任人的支持，整合多方资金10万元作为帮扶工作经费，用于开展帮扶活动。同时，“一带一”帮扶机制也得到了省农业厅的认可和大力支持，省农业厅对帮带成效明显的党员，每人给予600元的帮带奖励，积极鼓励和助推党员创业创新，带领贫困农户共谋发展，解决党员在帮带过程中的思想包袱，激发党员带领群众干事创业热情。在帮带过程中，全组党员通过与贫困户结对，搭建“网格化”管理构架，推行“四位一体”管理模式，即：党支部书记经常对帮带联系的党员进行跟踪监督，实现帮带工作动态化管理；充分整合驻村扶贫工作队力量，做好帮扶信息收集、反馈、分析和记录等工作；挂钩联系的单位部门做好协调沟通工作，提供一定的资金支持；挂钩联系贫困农户的帮扶责任人共同协助配合，做好上传下达，及时督促贫困户做好生产。通过多方合力，构建

“党支部推动、党员帮扶带动、驻村队员联动、帮扶干部引动”工作新局面。

第三，脱贫委员凝心聚力提升自治能力。近年来，随着云南省脱贫帮扶政策力度的不断加大，贫困村组获得了上级相关部门帮扶政策及资金的大力支持。通过成立“村民小组脱贫工作委员会”、建立“扶贫车间”、开展党员“一带一”帮扶工作，一个又一个问题得到解决，但单凭村组干部和党员的力量就想脱贫肯定是不行的，如何抓住难得的发展机遇，真正让帮扶的好政策带动当地经济发展，促进农户增收，激发农户自我脱贫的内生动力，这又成为了班母村十四组亟须解决的大问题。在村党总支的带领下，结合班母村十四组实际，在产业发展、技能培训、人才队伍、群众管理等方面着手。通过与职业中学签订培训协议或邀请县有关培训部门有选择性地进行知识培训，为享受扶持政策的农户提供技术支持，力争做到每户有 1 名劳动力掌握 1—2 项实用技术，从而提高群众自我脱贫的能力。加大从农村致富能手、乡土人才、返乡毕业生等思想较为先进的村民中发展培养党员力度，通过在思想教育和产业扶持上双管齐下，做好“双培养”工作，为脱贫攻坚提供人才支撑。由“村民小组脱贫工作委员会”组织全组党员群众，结合本组实际，及时完善村规民约，增加“勤劳致富，发展产业”“诚信为本，改善住房”“教育为先，培养子女”等内容，建立遵守村规民约登记表，按月评定公示村民遵守村规民约情况。坚持奖惩并行，对严格遵守村规民约的群众，在扶持政策上给予一定的倾斜奖励，对不遵守村规民约的群众，给予严厉的惩处，在“比、学、赶、帮、超”的氛围中不断提高群众实现自我管理、自我约束。

翻天覆地变化的背后，是多方力量绵绵用力，久久为功共同作用的结果。党支部引领方向、“一带一”帮扶机制牵引前行，“扶贫使得贫困群众有目标、有技术、有激励、有保障，更有了以劳获酬的尊严，从而激发贫困群众自我脱贫的内生动力。而今的班母村十四组拉祜寨子，袅袅炊烟下，崭新的安居房、宽敞的村组道路、明亮的节能灯，群众精神面貌焕然一新，无法想象出这曾经是全省唯一一个因深度贫困而被整建制转移的贫困村寨。

案例二：力所乡民主自治，设岗定责，点燃贫困户脱贫决心

力所拉祜族乡是西盟县四个贫困乡镇之一，百分之百山区山高坡陡，耕地少，脱贫难度大，少数民族受教育年限低，不善于语言交流，增加了脱贫的难度。由于长期受当地边疆民族地区风俗的影响，当地的少数民族形成了“爱休息”“爱饮酒”“爱过节”等陋习，劳动不积极、新技术不会用等现象频繁。新的惠民政策出台和落实后，原先多数贫困户都能享受低保，导致部分群众形成不劳动，只等惠民政策，只想着兜底，坐享其成；部分群众还争当贫困户，觉得贫困不可耻，“等靠要”思想严重，是当前脱贫攻坚工作推进过程中最难啃的“硬骨头”。经过乡党委、政府的分析研判后，得出力所乡贫困户最突出的问题是“懒”，但有着丰厚的橡胶、茶叶、咖啡、甘蔗、坚果等产业优势，同时乡党委、政府积极组织贫困户外出务工，并给予一定的交通补贴和奖励性补贴，只要群众的内生动力被激发，脱贫就有希望。

第一，新思路新办法。为了改变群众“等靠要”思想，高度重视激发群众内生动力，形成了“一个思路三个起来”的新办法。“一个思路”就是以县上的一个意见稿和两个指导意见为引领，结合力所乡实际，形成了本乡的三个方案把政策落到实处。“三个起来”：急起来。全乡上下，上至党委、政府，下至村、组的党员领导干部都坐不住了，琢磨着如何将这三个方案推动到村、组，并逐级召开领导班子会议、党支部会议，结合村情、组情，分析研判这三个方案，最终形成了村、组的方案；动起来。通过脱贫工作委员会、设岗定责、激发群众内生动力，贫困户意识到自己是在党委、政府的领导下，接受脱贫工作委员会的管理，坐享其成的日子已经成为过去，只有通过自己勤劳的双手，付出一定的劳动，才能实现脱贫，共建美丽村庄，大家都根据自己的岗位职责、脱贫攻坚“两不愁、三保障”十条主体责任、《村规民约》等引领自己的责任义务了；干起来。干部群众的干事激情被激发出来了，在这其中党员干部更是领先一步，大家都思索着要在这次“大动作”中，通过党组织的引领和党员的带头作用，把这些事情做实、做好，尤其是被选进脱贫工作委员的支部书记、党员等，应该将这三个方案的实施践行到党建促脱贫中，充分发挥基层党组织的战斗堡垒作用和党员的先锋模范带头作用。

光有想法是不行的，最终要靠行动来践行。乡党委、政府结合三个方案，形成了“四步走计划”。第一步，组队伍。在以村民小组为主的自治基础上，组建以党支部为基础的“脱贫工作委员会”，隶属“村两委”领导，归村务监督委员会监督，发动群众全过程参与脱贫攻坚工作，筑牢党组织在脱贫攻坚一线的战斗堡垒作用，为实现乡村振兴建立一支“永远不走”的工作队。全乡共成立 52 个脱贫工作委员会，共有 256 名脱贫工作委员会委员，组建过程中，有的支部书记被选为主任，有的党员被选为委员，先锋模范资源得到了充分使用；第二步，强队伍。为切实增强脱贫工作委员会委员组织性、纪律性和责任感，提高其大局意识、团结协作意识、集体观念、合作意识等，力所乡党委认真谋划，于 2018 年 5 月 26 日至 5 月 31 日对全乡脱贫工作委员会委员组织开展 3 期 2 天的培训，增强了引领和服务群众本领，提高应对各种突发事件应急应变能力；第三步，搞试点。2018 年 4 月底，王布龙二组作为试点参与西盟县村民小组脱贫工作委员会培训班，培训结束后又在王布龙二组和王雅三组推行脱贫工分制。2018年5月，选择村民整体素质较好，管理水平高、乡风文明的王雅二组为试点，召开了全乡关于设岗定责和激发群众内生动力方案的试点会。紧锣密鼓的，又以南亢村富倮一组为另一个试点，在乡党委书记的领导下召集村上的领导班子及该组的脱贫工作委员会委员就两个指导意见的实施召开了会议，就建档立卡户设岗定责和激发群众内生动力进行了研究，形成本组方案；第四步，全覆盖。在充分总结力所乡3个示范点经验的基础上，各村民小组结合组情实际，迅速召开脱贫工作委员会会议、村民小组群众会议等研究制定两个方案。全乡52个村民小组都已经制定了方案，又一朵脱贫之花的种子被洒下。

第二，出实招定措施。针对建档立卡贫困户内生动力不足，在设岗定责和激励分配中，力所乡对标五个准，达到寨子管得好、路子找得好、日子过得好的“五准三好”的目的。一是资源盘得准。为完善财政支农资金支持资产收益扶贫方式，做到收益底数清楚，各村民小组在党支部的引领下立即召开脱贫工作委员会委员会议，认真分析和统计本组本年度的肉牛、中蜂养殖等入股分红的总收益；二是岗位定得准。为引导受过资产收益扶贫项目的建档立卡贫困户通过从事公益性劳动获得资产收益分红，各村民小组党支部、脱贫工作委员会结合村民小组的人居环境管理、生产发展、村组治理等方面分析研判具体的生产性岗位、公益性岗位、保障性岗位等的责任和薪酬；三是责任压得准。根据各个岗位的工作要求对工作人员明确岗位职责和完成时限，各岗位工作人员都认识到从此“有事情可做”，肩上多了一份职责和义务，增强了他们的使命感和责任心，让他们感觉到这是党委、政府赋予自己的“必须完成的任务”；四是监督盯得准。脱贫工作委员会委员分两个工作检查组，每周不定期对设岗人员的岗位履责情况进行检查，完成工作岗位情况进行初审，表决当月是否合格，不合格的表决扣除数额，并要求限期整改。其中，在党支部的引领下形成了“党员一对一结对帮带”，通过交心谈心，了解日常生活生产情况及困难，进行思想教育，督促其养成良好生活和工作习惯，带领其早日脱贫；五是薪酬发得准。每月30日前，脱贫工作委员会集中一次，通报每个岗位的实绩。每年9月30日前，脱贫工作委员会根据该户评定结果进行汇总并上报村“两委”，符合发放报酬的，由村委会从村民小组整合的中蜂收益金、肉牛养殖收益金划拨岗位薪酬，按月定酬，按半年或1年一次性发放。

针对群众集体观念缺失，感恩意识不强，力所乡采取“两定三注重”，通过民主自治内生动力，奖惩约束促振兴。一是定指标。根据农户当年履行脱贫攻坚“两不愁、三保障”主体责任、遵守国家法律法规、履行村规民约主体责任等制定十条评定内容；二是定奖惩。对履行责任义务表现优秀的农户（全年未违反记录的），在村民大会上给予通报表扬，在本组红榜进行宣传，并在政策、项目、资金等方面给予倾斜。对不履行责任义务的，被扣除的补贴作为惩罚金，不再返还农户，接受处罚后限期整改的可获得剩余的补贴资金，拒不改正的继续扣除，直至扣完，对不限期整改或屡教不改的农户上黑榜；三是注重教育。通过将农户享受惠农政策与评价标准有机结合起来，建立农户参与脱贫攻坚工作的教育、引导、约束、惩戒机制，形成农户“自我管理、自我服务、自我教育、自我监督、自我评价、自我发展”的工作格局；四是注重审核。每月末召开由本组全体党员和组干部参加的脱贫工作委员会议，奖惩人员名册，报村委会审核、驻村扶贫工作队审核同意，召开群众大会进行认定。每年12月30日前，由脱贫工作委员会汇总本组每户农户的扣除金情况，上报村委会，村委会审核同意后公布全年农户评定结果；五是注重执行。整个过程和结果的运用由脱贫工作委员会全程监督，对不履行责任义务的农户，制作违反责任义务情况和惩处方式告知书，明确整改时限，到农户家发放违反责任告知书，经农户签字签收，做好惩处整改督促工作。根据整改情况，确定是否解除农户被冻结账户并返回扣除的处罚款。

第三，抓落实重实效。党组织引领的村民自治水平得到提升。一是强化了党的领导。脱贫工作委员会认真贯彻落实党在农村的路线方针政策，将各级党组织的主张和要求通过村民自治组织的形式转化为村民的集体意志，将“要我做”变为“我要做”，支部管理水平得到提升；二是强化了村民自治。不断提高村民自治组织化能力，在村两委和脱贫工作委员会的双重管理下，实现村民自我管理、自我服务、自我发展；三是强化了中心工作。紧密联系农村改革、发展、稳定实际，以当前新农村建设、脱贫攻坚、乡村治理等为重点，努力实现乡风文明、农民增收、社会稳定；四是党员的形象得到提升。党员不再是单一的形象，是村民看齐的标杆，是脱贫工作委员会的中坚力量，是脱贫的榜样，是村民小组脱贫的一面旗帜；五是村民的素质得到提升。在脱贫工作委员会组织开展的“乡村夜校”组织活动下，在村规民约、设岗定责、脱贫工分制和“两不愁三保障”制定的十条责任义务和奖惩机制的约束下，村民的政治素质、道德素质、法律素质、人文素质有了整体提升。

群众内生动力得到激发。一是“懒癌”得到有效治疗。通过脱贫工作委员会的设岗定责、制定奖惩等机制，懒汉们意识到坐在墙根等政策的时代已经过去，必须通过自己的辛勤劳动脱贫致富，“等靠要”思想在逐渐淡漠，“脱贫观”有所转变，通过前期的懒汉培训班，懒汉们掌握了一定的工作技能，现在基本上都外出务工了。二是文明新风得到强化，对于“脏、乱、差”的农户，素质得到提升后，不再有堆积如山的脏衣服、不再有一天三顿不洗的碗筷、不再有臭气熏天的卫生间，形成整洁和明朗的居住环境；三是营造了后进赶先进的良好氛围。通过“党员一对一结对帮带”“红黑榜”等激励方式激发群众的自强、自立，强化了村民的责任感和荣辱感，大家都感觉到脱贫之际，不能为村民小组和自己家抹黑，要管理好自己的言行，强化自我管理的能力，为脱贫争光；四是赚钱不再是少数人的专利。脸朝黄土背朝天的时代已经不能满足脱贫的需求，农户积极参与割胶、种坚果、咖啡和茶叶提质增效、养猪养鸡等种植养殖培训，之后农户将这些技能投入到生产中，获得了很好的收益，有的积极外出务工，在获得工资性收益的同时，获取交通补贴、奖励性补贴等多种收益，实现了从“要我脱贫”到“我要脱贫”转变。

农村人居环境明显改善。以农村垃圾、污水治理和村容村貌提升为主攻方向，整合各种资源，在脱贫工作委员会的管理下通过设岗定责和人人参与村庄治理等举措，稳步有序推进农村人居环境突出问题治理，营造了“人人爱护环境，人人参与环境整治，携手创建文明村寨”的良好氛围。坚持不懈推进农村“厕所革命”，新建冲水式公厕，同步实施粪污治理，加快实现农村无害化卫生厕所全覆盖，努力补齐影响农民群众生活品质的短板。通过安装太阳能路灯、硬化道路，种植花草树木，设置两个村的公路防护栏，实施道路硬化、房屋亮化、村庄绿化、环境美化行动。狠抓农村柴草乱放、粪便乱排、乱搭乱建、畜禽乱跑等脏乱差问题治理，有效推进人畜科学分离，持续推进生态宜居的美丽乡村建设。

小结：群众既是扶贫对象，更是脱贫的主体。扶贫中要通过机制建立，把扶贫的正确导向树立起来，唤醒群众自力更生的意识，把扶贫对象变成扶贫力量，真正地改变人。

第七章　从西盟实践看精准扶贫中国方案

十八大以来，在以习近平总书记为核心的党中央坚强领导下，全党全社会采取超常规举措，增加投入，因人因户因村施策，脱贫攻坚取得显著成绩。精准扶贫思想极大地完善了中国特色反贫困理论，精准扶贫的理论和实践为全球减少贫困提供了中国智慧和中国方案。我们选择把西盟作为精准扶贫样本进行分析，是因为她的典型性。由于特殊的历史和地理原因，西盟县的县情可概括为“国家重点扶持县、少数民族自治县、典型的民族直过县、地处边境一线的边疆县、民族跨境而居的特殊县。”像西盟这样的地区能够脱贫，说明中国的其他地方通过努力也能实现精准脱贫，体现西盟对于精准扶贫中国方案和中国智慧的代表性，也彰显了精准扶贫中国智慧和中国方案的科学性和普适性。

一、坚持和加强党对扶贫工作的领导

精准扶贫的巨大成就离不开党的领导，精准扶贫必须要加强党的领导，发挥政治优势，落实责任。2013 年 2 月习近平总书记视察甘肃时指出：“贫困地区党委政府要把精力放在扶贫开发上。”① 我国坚持五级书记抓精准扶贫，形成了中央统筹、省负总责、市县抓落实的工作机制，

① 《人民日报》，2015 年 6 月 15 日，07 版。

层层落实脱贫攻坚责任，为打赢脱贫攻坚战建立了机制，提供了制度保障。首先，建立了脱贫攻坚责任体系。中央出台了脱贫攻坚责任制实施办法，强化“中央统筹、省负总责、市县抓落实”的扶贫管理体制，构建起责任清晰、各负其责、合力攻坚的责任体系；第二，建立了脱贫攻坚政策体系。党中央、国务院做出打赢脱贫攻坚战的决定并出台配套文件。中央和国家机关各部门出台100多个政策文件或实施方案，各地也相继出台和完善了“1+N”的脱贫攻坚系列文件，内容涉及产业扶贫、易地扶贫搬迁、劳务输出扶贫、交通扶贫、水利扶贫、教育扶贫、健康扶贫、金融扶贫、农村危房改造等。很多“老大难”问题都有了针对性措施，打出了政策组合拳；第三，建立了脱贫攻坚投入体系。中央明确扶贫投入力度要与打赢脱贫攻坚战的要求相匹配；第四，我国建立了脱贫攻坚监督体系。中央出台脱贫攻坚督查巡查工作办法，对各地各部门落实中央决策部署开展督查巡查。督查坚持目标导向，着力推动工作落实。巡查坚持问题导向，着力解决突出问题；第五，建立了脱贫攻坚考核评估体系。中央出台省级党委和政府扶贫开发工作成效考核办法。从2016年—2020年，每年开展一次考核，由国务院扶贫开发领导小组组织进行，主要考核减贫成效、精准识别、精准帮扶、扶贫资金使用管理等，树立脱贫实效导向，确保脱贫攻坚质量经得起实践和历史检验。

在西盟县精准扶贫的实践中，我们可以清楚看到，西盟县精准扶贫取得的成效是在党的领导下取得的，没有党的领导，就不可能有西盟县扶贫取得的成效。西盟县委和政府深入学习习近平总书记扶贫开发战略思想，重视扶贫开发在总体工作布局中的重要性，紧紧围绕“两不愁、三保障”总体要求，坚持把脱贫攻坚作为头等大事抓紧抓实，集中人力、财力、物力资源向脱贫攻坚聚集，做到扶贫项目优先安排、扶贫资金优先保障、扶贫工作优先对接、扶贫措施优先落实，脱贫攻坚战取得决定性进展。西盟县委和政府明确工作任务和责任分工，层层签订脱贫攻坚责任书，选好配强干部，加强扶贫考核督察问责，创新扶贫开发工作机制，动员全社会各方面力量参与扶贫开发工作，坚决打好精准扶贫攻坚战。西盟县精准扶贫从“立制”入手，健全完善了脱贫攻坚指挥体系、政策体系、投入体系、帮扶体系、动员体系、督查体系、宣传体系、学习体系等“八大体系”，为打赢打好脱贫攻坚战提供制度保障。

二、发挥群众主体作用

贫困群众既是脱贫攻坚的对象，更是脱贫致富的主体，贫困群众的积极参与才是精准扶贫成功的关键。尊重贫困群众在精准扶贫中的主体地位，就需要不断激发贫困村贫困群众内生动力。为此，要充分发挥党员干部的引领作用，抓好以村党组织为核心的村级组织配套建设。弘扬自力更生、艰苦奋斗精神，激发贫困群众脱贫奔小康的积极性、主动性、创造性，提升其自我组织能力、自我发展能力和参与市场竞争能力。习近平总书记指出：“要坚持扶贫同扶智、扶志相结合，注重激发贫困地区和贫困群众脱贫致富的内在活力，注重提高贫困地区和贫困群众的自我发展能力。”[①]

西盟县创造性地提出了成立村民小组脱贫工作委员会的做法，着力健全乡村最后一公里组织体系建设，引导贫困群众树立主体意识，把扶贫与扶志、扶智结合起来，聚焦贫困群众的能力养成和自我发展潜力培养，变“输血”为“造血”，既解决“物质贫困”，更解决“素质贫

---

① 《中国经济导报》，2018 年 3 月 16 日，08 版。

困”，变扶贫对象为扶贫力量。在改变贫困人口生产生活条件的同时，更加注重素质能力提升和思想观念更新，走出了一条符合西盟县实际的新路子。西盟县按照“扶贫先扶志、扶贫必扶智”的工作思路，以村民小组脱贫工作委员会为载体，突出“六强化六起来”，积极探索脱贫攻坚与基层党建、乡村治理有效融合，帮扶贫困群众精神与物质“双脱贫”“双摘帽”。

三、精准扶贫重在精准

精准扶贫的核心理念是以精准化思维提高扶贫减贫效率，实现精准扶贫精准脱贫。扶贫开发工作已进入到攻坚克难阶段，很多贫困人口集中在偏远山区，往往存在交通不畅、生态环境恶劣、部分地区自我封闭等状况，扶贫环境复杂，“一刀切”的模式很难解决实际问题。精准扶贫模式能够根据每个贫困村、每个贫困人口面临的问题，因村施策、因人施策，制定针对性扶贫措施。习近平总书记2015年1月在云南考察工作时指出：“要以更加明确的目标、更加有力的举措、更加有效的行动，深入实施精准扶贫、精准脱贫，项目安排和资金使用都要提高精准度，扶到点上、根上，让贫困群众真正得到实惠。”[①]在调研中，我们看到，由于西盟县属于直过民族地区，历史上长期处在封闭状态，社会发育程度相对滞后，劳动力素质普遍偏低，长期以来所形成的传统农耕经济和较少的副业经济只能维持基本生活标准。针对西盟实际，西盟县委县政府创新性地提出西盟县精准扶贫的“四大扶贫”：即安居扶贫是基础、产业扶贫是核心、素质脱贫是根本、治理扶贫是关键。在安居扶贫方面，针对安居扶贫中的主要问题，提出了西盟县“精准安居”工程建

① 《人民日报海外版》，2016年9月1日，07版。

设“六个破解”工作法。在产业扶贫方面，针对产业发展优劣势，提出产业发展“四个全覆盖”和“六联六金”。在素质扶贫方面，提出要提升“两大素质”，即干部素质和群众素质。在治理贫困方面，西盟成立村民小组脱贫工作委员会，把基层组织建立到村组中。

四、注重发挥政府和市场“两只手”作用

在社会主义市场经济实践中，有一部分地区先富了起来，有一部分人先富了起来。为实现共同富裕，政府要发挥作用，要动员力量对落后地区、对没有富裕的人进行帮扶。精准扶贫就是对一个个贫困户进行帮扶，解决绝对贫困问题。但在精准扶贫中依旧是要既发挥政府，也要发挥市场作用。回顾中国扶贫开发的历程，我们可以看到，农村家庭联产承包责任制、乡镇企业异军突起、农民进城务工及农业现代化、工业化、信息化、城镇化同步推进，这些对我国减贫做出了重大贡献，而这些实践是社会主义市场经济的实践，是政府和市场共同发挥作用的实践。而且，在政府和市场的关系，我国对市场的定位不断演变，从“市场在资源配置中起基础性作用”，到“市场在资源配置中起决定性作用”，彰显着社会主义市场经济方向。在西盟精准扶贫实践中，我们注意到政府的作用，同时也注意市场力量的发挥。在产业扶贫中，政府进行了产业规划，但最终产业发展要靠市场的力量。在西盟养牛业和养蜂业发展中，突出了引入龙头企业的作用，推进农业和农村经济市场化过程。在素质脱贫中，干部要像帮助孩子走路一样，先扶着群众走，然后慢慢放开手，让群众自己走，这个过程需要让村庄有可持续的产业，教会村庄自我管理。“授人以鱼不如授人以渔”，精准扶贫实践也是社会主义市场经济实践。

五、全社会力量广泛参与——大扶贫格局

在脱贫攻坚的过程中，要坚持一切为了人民，一切依靠人民。这个“人民”不是抽象意义上的人民，而是现实生活中十四亿在共同富裕道路上奋勇前行的中国人民，他们是建设中国特色社会主义，推动中国向前发展的最根本力量。精准扶贫需要依靠人民的力量，需要充分调动各方积极性，汇集多方力量打赢脱贫攻坚战。习近平总书记强调，“扶贫开发要切实强化社会合力，要动员和凝聚全社会力量广泛参与。只要群众对幸福生活的憧憬还没有变成现实，我们就要毫不懈怠团结带领群众一起奋斗。”[①]因为始终坚持依靠人民，我们形成了专项扶贫、行业扶贫、社会扶贫等多方力量有机结合的“三位一体”大扶贫格局，发挥各方面积极性。这意味着精准扶贫要协同推进专项扶贫、行业扶贫、社会扶贫有机结合的大扶贫格局，形成跨地区、跨部门、跨单位的多元主体参与的扶贫体系。西盟县坚持凝聚全社会力量广泛参与，营造人人愿为、人人能为的大扶贫格局。西盟县建立健全扶贫工作长效机制，实施好东西部扶贫协作，支持服务好中央单位定点扶贫，形成专项扶贫、行业扶贫、社会扶贫等多方力量有机结合和互为支撑的大扶贫格局，有效增强了脱贫攻坚合力。

六、精准扶贫促进国家治理体系和治理能力现代化

中国通过精准扶贫精准脱贫的实践，进一步完善了国家治理体系，促进了国家治理能力现代化。中国是一个社会主义国家，共同富裕是社会主义的本质要求，建立实现共同富裕的国家治理体系是中国建设国家

① 《人民日报》，2014年2月16日，01版。

体系的必然要求，而精准扶贫精准脱贫的制度建设丰富和完善了中国国家治理体系，推进了中国国家治理体系和治理能力现代化。我国不仅提出了精准扶贫思想，还设定了“两不愁、三保障”目标，形成了“五级书记抓扶贫”“六个精准”“五个一批”“扶贫要扶志扶智”“三位一体”大扶贫格局等精准扶贫的体制机制，确定了从财政、金融到土地等政策支持体系。在精准扶贫实践中，国家治理由粗放迈向精准，乡村治理体系不断完善。从西盟实践看，通过脱贫攻坚，五级书记抓扶贫，所有部门齐参与，真正构建起农村管理的大数据系统，为农村的精准管理奠定了坚实的基础。对农村治理从粗放向精细迈进，是国家治理能力的重大提升，同时，脱贫攻坚进一步完善农村自治、法治、德治相结合的乡村治理体系。西盟县在村民小组中成立“村民小组脱贫工作委员会”，为解决村“两委”人手少、事务多、工作开展困难等问题找到了途径。通过“村民小组脱贫工作委员会”，强化了基层党组织的领导核心作用，切实提升了党组织的组织力，有效激发了群众的内生动力，在村村寨寨建立起了一支“永不撤走的工作队”，进一步完善了乡村治理体系。

中国精准扶贫实践进一步证明了中国模式的有效性，增强了中国特色社会主义道路自信、理论自信、制度自信、文化自信，同时，中国精准扶贫理论和实践丰富和完善了中国特色社会主义理论和实践。习近平总书记在纪念改革开放40周年大会上指出：“40年来，我们始终坚持解放思想、实事求是、与时俱进、求真务实，坚持马克思主义指导地位不动摇，坚持科学社会主义基本原则不动摇，勇敢推进理论创新、实践创新、制度创新、文化创新以及各方面创新，不断赋予中国特色社会主义以鲜明的实践特色、理论特色、民族特色、时代特色，形成了中国特色社会主义道路、理论、制度、文化，以不可辩驳的事实彰显了科学社会主义的鲜活生命力，社会主义的伟大旗帜始终在中国大地上高高飘扬！”①

展望未来，我国脱贫攻坚任务仍十分艰巨，到2020年实现现行标准下贫困人口脱贫，每年仍需减贫1000万以上，而且剩下的大都是条件较差、基础较弱、贫困程度较深的地区和群众，脱贫特别是深度贫困地区脱贫任务仍十分艰巨而繁重。让我们更加紧密地团结在以习近平同志为核心的党中央周围，增强打赢脱贫攻坚战的责任感、使命感和紧迫感，以更大的决心、更精准的举措，众志成城，为确保实现到2020年所有贫困地区和贫困人口一道迈入全面小康社会的宏伟目标而努力奋斗。

① 《人民日报》，2018年12月19日，02版。

参考文献

[1]《毛泽东选集》第三卷，人民出版社，1991年版。
[2]《邓小平文选》第三卷，人民出版社，1993年版。
[3]《江泽民文选》第三卷，人民出版社，2006年版。
[4] 胡锦涛：《在中央扶贫开发工作会议上发表重要讲话》，载《人民日报》，2011年11月30日。
[5] 习近平：《摆脱贫困》，福建：福建人民出版社，2017年11月版。
[6]《习近平论扶贫工作》，载《党建》，2015（12）。
[7] 宋志辉：《印度农村反贫困的经验、教训与启示》，载《南亚研究季刊》，2009（1）。
[8] 石晶，李卿语：《孟加拉乡村银行模式对发展我国农村小额信贷的启示》，载《税务与经济》，2010（2）。
[9] 黄爱军，朱奎：《美国扶贫减困的主要特点及启示》，载《老区建设》，2010(8)。
[10] 吕国范：《发达国家资源产业扶贫的模式及经验启示》，载《商业经济研究》，2014(29)。
[11] 王志章，黄明珠：《英国反贫困的实践路径及经验启示》，载《广西社会科学》，2017(9)。
[12] 陈杨：《精准扶贫模式探析》，载《甘肃理论学刊》，2017(4)。
[13] 刘彦随，周扬，刘继来：《中国农村贫困化地域分异特征及其精准扶贫策略》，载《中国科学院院刊》2016（3）36。
[14] 中国人民大学反贫困问题研究中心：《全国扶贫开发建档立卡数据分析报告》，2015。
[15] 郑瑞强，曹国庆：《基于大数据思维的精准扶贫机制研究》，载《贵州社会科学》，2015（8）。
[16] 汪三贵，刘未：《“六个精准”是精准扶贫的本质要求——习近平精准扶贫系列论述探析》，载《毛泽东邓小平理论研究》，2016（1）。

[17] 杨秋宝：《2020：中国消除农村贫困——全面建成小康社会的精准扶贫、脱贫攻坚研究》，北京：北京人民出版社，2018 年 1 月。
[18] 李荣梅：《精准扶贫背景下产业扶贫的实践模式及经验探索》，载《青岛农业大学学报》，2016（4）。
[19] 姜洁：《中央纪委公开曝光八起扶贫领域腐败和作风问题典型案例》，载《人民日报》，2018 年 2 月 1 日。
[20] 王俊文：《当代中国农村贫困与反贫困问题研究》，华中师范大学硕士论文，2007 年。
[21] 韩庆祥，黄相怀等：《中国道路能为世界贡献什么》，北京：中国人民大学出版社，2017 年。
[22] 宋媛：《云南省扶贫开发报告》，载《新西部》，2018（3）。
[23] 金一虹：《中国新农村性别结构变迁研究：流动的父权》，江苏：南京师范大学出版社，2015 年 12 月。
[24] 唐世平：《制度变迁的广义理论》，北京：北京大学出版社，2016 年 9 月。
[25] 乌日图：《中国农村的现状与未来》，吉林：延边大学出版社，2017 年 4 月。
[26] 西盟县同志提供的大量精准扶贫经验和做法资料。

1=C $\frac{2}{4}$

胜利就在前方

—— 西盟县脱贫攻坚进行曲

杨　宇 词
邱　云 曲

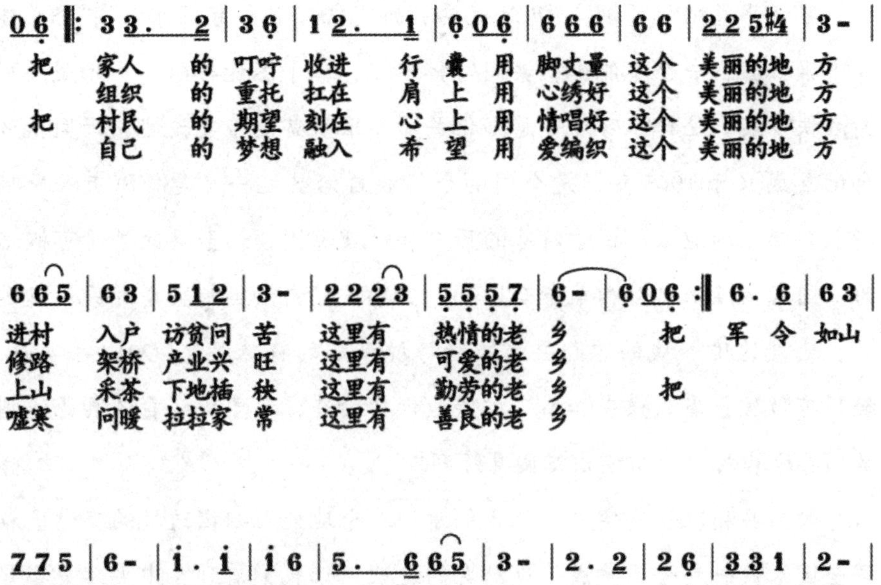

后　记

习近平总书记强调："新时代要有新气象，更要有新作为""全面建成小康社会，一个不能少；共同富裕路上，一个不能掉队。"西盟县用精准扶贫实践诠释了习近平总书记关于精准扶贫的重要论述。西盟佤族自治县成立于1965年，是全国两个佤族自治县之一，是《阿佤人民唱新歌》诞生的地方。由于特殊的历史和地理原因，西盟县的县情可概括为"国家重点扶持县、革命老区县、少数民族自治县、典型的民族直过县、地处边境一线的边疆县、民族跨境而居的特殊县"。2019年4月，经州市审核，省级核查和第三方实地评估检查，西盟佤族自治县已达到贫困县退出标准，拟退出贫困县序列。

西盟县精准扶贫实践，让我们看到一个地处在祖国边境的直过民族同全国人民一起全面建成小康社会的过程，让我们看到在中央政策指导下地方同志以创新精神和人民群众一起脱贫的进程，这些深深地震撼了我们，让我们关注西盟县，让我们深入调研西盟县精准扶贫。在西盟县精准扶贫调研中，我们深刻感受到了云南省委、普洱市委、西盟县委贯彻中央指示精神，在基层深入贯彻落实习近平总书记精准扶贫的重要思想，西盟实践充分体现了"五级书记抓扶贫"这一精准扶贫重要特点。

我们选择把西盟精准扶贫作为样本进行分析，是因为她的民族直过县、边疆县、革命老区县等特殊性。西盟的特殊性决定了西盟精准扶贫的典型性和代表性，像西盟这样的地区能够脱贫，说明中国的其他地方通过努力也能实现精准脱贫，体现西盟对于精准扶贫中国方案和中国智慧的代表性。精准扶贫是中国特色扶贫开发道路的理论创新和实践创新，体现了马克思主义世界观和方法论。精准扶贫要在扶贫的过程中针对“贫根”进行精确地靶向治疗，帮助贫困家庭找到“贫根”，并且通过各种手段帮助他们铲除“贫根”，同时摸索出一条适合自身的致富路线。西盟县结合当地实际，创新地推进了精准扶贫实践。西盟精准扶贫实践阐释着精准扶贫的中国智慧和中国方案。

实施精准扶贫战略是全面建设小康社会、实现共同富裕的必然要求。十八大报告提出在2020年全面建成小康社会宏伟目标，精准扶贫精准脱贫是实现这一宏伟目标的最低要求。在西盟县调研中，我们看到精准扶贫带来的变化：一是农民观念变了，卫生观念、教育观点、产业发展观念等等都发生了改变；二是农民种养技术提高了，每个农民都掌握了一项养殖技术或一项种植技术；三是农村产业变了，有了肉牛产业、蜜蜂产业等等；四是农民组织程度提升了，村民小组有了扶贫工作委员会，以后可能演变为乡村振兴委员会；五是农民居住房子变了，由挂瓦木质房变成砖瓦房；六是农村基础设施变了，通路、通水、通电了……

在书稿接近完成时，我接到西盟县信息，国家扶贫办拟于2019年底组织开展“县域脱贫攻坚案例研究”工作，请各省结合实际，推荐两个具有代表性的贫困县，扶贫办将从每省各选一个，作为第一批样本县进行全面总结研究。我们高兴看到西盟县作为云南省推荐的县，上报到国务院扶贫办“脱贫攻坚案例”中。在调研中，我们看到西盟县创新成立“村民小组脱贫工作委员会”的做法已经在普洱市推广，现在云南省各县开始进行学习借鉴，相信成为国务院扶贫办“脱贫攻坚案例”后，这种做法会为更多地方扶贫工作提供经验。2019年4月，经州市审核，省级核查和第三方实地评估检查，西盟佤族自治县已达到贫困县退出标准。

回顾本书写作过程，杨宇书记和我几次讨论，最终确定了写作框架。在写作过程中，杨宇书记参加了写作，西盟县的课题组杨国华、郑青江、江磊、钟磊、段俊华等同志参与了讨论和写作，西盟宣传部门、发改部门、财政部门、教育部门、扶贫部门、住建部门等提供了大量精准扶贫做法，中央党校张慧君、刘艳梅、贾华强等老师和郝武峰、杨玉林、宋高旭、王可心、毕亚民、贺璇、李英东、陈琦、贾文韬、楼俊超、熊瑛、黄林芝、刘冰、顾梦佳、岳帅、程玉伟、刘旭辉、杨名硕等学生也参与了文稿讨论。在统稿过程中，西盟县课题组同志和一些党校老师、博士生也都提出了很好建议。回顾本书写作，充满感谢。首先，感谢西盟对我们调研和写作的支持；再次，感谢西盟课题组同志参与课题讨论和写作；最后，感谢我们老师和博士生们，他们也积极参与到课题调研、讨论和写作。

施红

2019年4月于中共中央党校（国家行政学院）